Racconti in Turco

Racconti in Turco per principianti e intermedi

Deniz Demir

greenthumbpublishing@gmail.com

Contenuti

Introduzione

La lettura di una lingua straniera è uno dei modi più efficaci per migliorare le competenze linguistiche e ampliare il vocabolario. Tuttavia, a volte può essere difficile trovare materiali di lettura coinvolgenti e di livello adeguato, che diano una sensazione di realizzazione e di progresso. La maggior parte dei libri e degli articoli scritti per i madrelingua può essere troppo lunga e difficile da capire, oppure può avere un vocabolario di livello molto alto, per cui ci si sente sopraffatti e si rinuncia. Se questi problemi vi suonano familiari, allora questo libro fa per voi!

Racconti Brevi in Turco è una raccolta di 25 racconti non convenzionali e divertenti pensati per aiutare gli studenti di livello da principiante a intermedio di Turco a migliorare le loro competenze linguistiche.

Questi racconti creano un ambiente di lettura di supporto, includendo;

- Ricchi contenuti linguistici in diversi generi per intrattenere l'utente ed esporlo a una varietà di forme di parole.
- Storie brevi in capitoli per darvi la soddisfazione di finire le storie e progredire rapidamente.
- Testi scritti al vostro livello in modo da essere più facilmente comprensibili e non opprimenti.
- Traduzione italiana a pagine alterne per potervi fare riferimento direttamente riga per riga durante la lettura della storia Turco.
- I vocaboli chiave sono stampati in grassetto lungo tutta la storia e la traduzione per aiutare a capire meglio le parole non familiari.

- Domande di comprensione per testare la comprensione degli eventi chiave e per incoraggiare la lettura più approfondita.

Se volete ampliare il vostro vocabolario, migliorare la vostra comprensione o semplicemente leggere per divertimento, questo libro è il più grande passo avanti che farete nei vostri studi quest'anno. I Racconti Brevi in Turco vi daranno tutto il supporto di cui avete bisogno, quindi sedetevi, rilassatevi e lasciate correre la vostra immaginazione mentre venite trasportati in un magico mondo di avventura, mistero e intrighi - in Turco!

Come utilizzare questo libro

La lettura è un talento difficile da padroneggiare. Nella nostra lingua madre usiamo una serie di micro-abilità per aiutarci a leggere. Ad esempio, possiamo sfogliare un brano per avere una comprensione approssimativa del contenuto. Oppure potremmo sfogliare numerose pagine di un orario ferroviario alla ricerca di un orario o di un luogo specifico. Mentre queste micro-abilità sono una seconda natura quando leggiamo nella nostra lingua madre, la ricerca rivela che spesso dimentichiamo la maggior parte di esse quando leggiamo in una lingua straniera. Quando si impara una lingua straniera, di solito si parte dall'inizio di un testo e lo si sfoglia, cercando di capire ogni singola parola. Inevitabilmente, ci imbattiamo in termini sconosciuti o complessi e ci infastidisce l'incapacità di comprenderli.

Uno dei maggiori vantaggi della lettura di una lingua straniera è quello di essere esposti a un gran numero di frasi ed espressioni che vengono utilizzate nelle situazioni quotidiane. La lettura intensiva è un termine usato per descrivere la lettura per piacere al fine di imparare una lingua. Non è come la lettura di un libro di testo, quando le conversazioni o i testi sono concepiti per essere letti lentamente e con attenzione con l'obiettivo di comprendere ogni parola. La "lettura intensiva" si riferisce alla lettura effettuata per raggiungere obiettivi di apprendimento specifici o per completare compiti. In altre parole, la lettura approfondita dei libri di testo di solito favorisce l'apprendimento di regole grammaticali e di un vocabolario particolare, mentre la lettura intensiva di storie favorisce l'apprendimento del linguaggio

naturale.

I Racconti Brevi in Turco vi offriranno l'opportunità di conoscere meglio la lingua naturale Turco in uso, anche se forse avete iniziato il vostro percorso di apprendimento delle lingue esclusivamente con i libri di testo. Ecco alcuni suggerimenti da tenere a mente mentre leggete le storie di questo libro per trarne il massimo beneficio: Quando si tratta di leggere, il divertimento e il senso di realizzazione sono fondamentali. Si continua a tornare perché ci si diverte a leggere. Leggere ogni storia dall'inizio alla fine è il metodo migliore per godersi le storie e sentirsi realizzati. Di conseguenza, la cosa più importante è arrivare alla fine di una storia. È più importante che conoscere ogni singola parola.

Più si legge, più si acquisisce conoscenza. Se si leggono libri più grandi per piacere, si acquisisce rapidamente una conoscenza di come funziona la Turco. Tuttavia, tenete presente che per ottenere tutti i benefici della lettura estensiva, dovete prima leggere un volume sufficientemente consistente. Leggere qualche pagina qua e là può insegnare qualche parola nuova, ma non farà una differenza significativa nel livello generale di Turco.

Accettate il fatto che non riuscirete a comprendere tutto ciò che leggete in un romanzo. Questo è, senza dubbio, il punto più cruciale! Ricordate sempre che non capire tutte le parole o le frasi è assolutamente accettabile. Non significa che le vostre competenze linguistiche siano inadeguate o che il vostro rendimento sia scarso. Indica che state partecipando attivamente al processo di apprendimento.

Guida alla lettura

Per trarre il massimo beneficio dalla lettura di Racconti Brevi in Turco, è meglio seguire questo semplice processo di lettura in sei fasi per ogni capitolo dei racconti:

1. Leggete il titolo del capitolo. Pensate al tema della storia. Poi leggete la storia fino in fondo. Il vostro obiettivo è semplicemente quello di arrivare alla fine della storia. Pertanto, non fermatevi a cercare le parole e non preoccupatevi se ci sono cose che non capite. Cercate semplicemente di seguire la trama.

2. Quando arrivate alla fine della storia, scrutate la traduzione italiana per vedere se avete capito cosa è successo e per cogliere il contesto che vi è sfuggito.

3. Tornate indietro e rileggete la stessa storia. Se volete, potete concentrarvi di più sui dettagli della storia rispetto a prima, ma altrimenti leggete semplicemente un'altra volta.

4. Successivamente, leggete le domande di comprensione in Turco per verificare la vostra comprensione degli eventi chiave della storia. Se non capite completamente le domande, non preoccupatevi. Utilizzate le vostre conoscenze per rispondere al meglio.

5. A questo punto dovreste aver compreso gli eventi principali del capitolo. In caso contrario, potreste rileggere il capitolo alcune volte utilizzando la traduzione per controllare le parole e le frasi sconosciute fino a quando non vi sentirete sicuri.

Una volta che siete pronti e sicuri di aver capito cosa è successo - che sia dopo una o più letture della storia - passate alla storia successiva e continuate a godervi la storia al vostro ritmo, proprio come fareste con qualsiasi altro libro.

Solo una volta completata una storia nella sua interezza, si può pensare di tornare indietro e studiare il linguaggio della storia in modo più approfondito, se lo si desidera. Oppure, invece di preoccuparvi di capire tutto, prendetevi del tempo per concentrarvi su ciò che avete capito e congratularvi con voi stessi per quanto avete fatto.

Racconti in Turco

Mersin

Mersin hiçliğin ortasında yer alan küçük bir kasabaydı. Onu özel kılan tek şey çok büyük ve **güzel bir** göle sahip olmasıydı. Her yıl yazın ilk günü Mersin'deki tüm **aileler** piknik yapmak ve sıcak havanın tadını çıkarmak için gölde toplanırdı. Özellikle bir aile, Smith'ler, bu yıllık geleneği her zaman dört gözle beklerdi. Bir an önce göle varabilmek için **sabah** erkenden arabalarını yiyecek ve içeceklerle doldururlardı. Oraya vardıklarında, battaniyelerini su kenarındaki büyük ağaçlardan birinin altına kurar ve saatlerce dinlenir, yüzer ve birlikte **oyunlar** oynarlardı. Smith'ler doğanın güzelliğiyle çevrili mutlu yerlerinde zaman **geçirmeyi** seviyorlardı; ama en önemlisi, bu anları birbirleriyle paylaşabildikleri için değer veriyorlardı - günümüzün yoğun dünyasında giderek daha nadir hale gelen bir şey.

Mersin'de çok güzel bir gündü. Güneş parlıyordu ve kuşlar şarkı söylüyordu. Smith ailesi göle yeni **varmıştı** ve su kenarındaki büyük ağaçlardan birinin altına **battaniyelerini** kuruyorlardı. Hep birlikte kaliteli zaman geçirecekleri, yüzecekleri, oyun oynayacakları ve birbirlerinin arkadaşlığında rahatlayacakları için heyecanlıydılar. **Birden,** gölün diğer tarafından gelen yüksek sesli bir su sıçraması duydular. Arkalarını döndüklerinde büyük bir balığın sudan kıyıya

Mersin

Mersin era una piccola città situata nel mezzo del nulla. L'unica cosa che la rendeva speciale era il fatto di avere un lago molto grande e **bello**. Ogni anno, il primo giorno d'estate, tutte le **famiglie** di Mersin si riunivano al lago per fare un picnic e godersi il caldo. Una famiglia in particolare, gli Smith, aspettava sempre con ansia questa tradizione annuale. La **mattina** presto preparavano l'auto con cibo e bevande, in modo da poter raggiungere il lago il prima possibile. Una volta arrivati, sistemavano la loro coperta sotto uno dei grandi alberi vicino alla riva del lago e trascorrevano ore di relax, nuotando e **giocando** insieme. Gli Smith amavano **trascorrere** il tempo nel loro luogo felice, circondati dalla bellezza della natura, ma soprattutto apprezzavano questi momenti perché potevano condividerli l'uno con l'altro, cosa sempre più rara nel mondo frenetico di oggi.

Era una bella giornata a Mersin. Il sole splendeva e gli uccelli cantavano. La famiglia Smith era appena **arrivata** al lago e stava sistemando la sua **coperta** sotto uno dei grandi alberi vicino alla riva. Erano tutti entusiasti di trascorrere un po' di tempo insieme, nuotando, giocando e rilassandosi in compagnia. **All'improvviso**, sentirono un forte tonfo provenire dall'altra parte del lago. Si voltarono e videro un

atladığını gördüler! Evinin güvenliğine geri dönmek için çırpınıyordu. Ama artık çok geçti - balık **çoktan** karaya çıkmış ve nefes nefese kalmıştı. Baba yardıma koşarken, eşi de bu nadir olayın fotoğrafını çekebilmek için kamerasını kaptı. Çocukları, bu **muhteşem** yaratığın gözlerinin önünde yaşam mücadelesi vermesini huşu içinde izliyordu. O anda, bir aile olarak bu kadar özel bir şeyi birlikte **deneyimleyebildikleri** için ne kadar şanslı olduklarını fark ettiler. Birkaç dakika sonra balık **hareket etmeyi** bıraktı ve öldüğü anlaşıldı.

Baba üzgün hissetti ama aynı zamanda böyle nadir bir olayı görebildiği için minnettar oldu. Çocuklarının bu günü asla unutmayacağını biliyordu. Ayrılmak üzere **toparlanırlarken,** anne su kenarında garip bir **şey** fark etti. İlk balığın yanında yerde yatan başka bir balık varmış gibi görünüyordu. Daha yakından bakmak için yanına gitti ve bu balığın hala canlı olduğunu fark etti! Hemen **kocasını** çağırmış ve **her ikisi de balığın pullarına** su döküp hafifçe **ovalayarak** onu canlandırmaya çalışmışlar. Birkaç dakika süren yoğun çabanın ardından nihayet balığı ait olduğu suya geri döndürmeyi başardılar. Balığın gölün derinliklerine doğru güvenli bir şekilde yüzerek uzaklaşmasını izlediler ve onun hayatını kurtarabildikleri için **şükrettiler.**

grosso pesce saltare fuori dall'acqua e raggiungere la riva! Si dimenava nel tentativo di tornare al sicuro nella sua casa. Ma era troppo tardi: il pesce era **già** sulla terraferma e boccheggiava. Il padre è corso ad aiutarlo, mentre la moglie ha preso la macchina fotografica per scattare qualche foto di questo raro evento. I loro figli sono rimasti a guardare con stupore questa **straordinaria** creatura che lottava per la vita proprio davanti ai loro occhi. In quel momento si sono resi conto di quanto fossero fortunati a poter **vivere** un'esperienza così speciale insieme alla famiglia. Dopo qualche minuto, il pesce ha smesso di **muoversi** e si è capito che era morto.

Il padre si sentiva triste ma anche grato di aver potuto assistere a un evento così raro. Sapeva che i suoi figli non avrebbero mai dimenticato questo giorno. Mentre stavano **preparando i bagagli** per andarsene, la madre notò **qualcosa di** strano vicino alla riva. Sembrava che ci fosse un altro pesce a terra accanto al primo. Si avvicinò per dare un'occhiata più da vicino e si rese conto che quel pesce era ancora vivo! Chiamò subito il **marito** ed entrambi iniziarono a cercare di rianimare la **creatura** versando dell'acqua sulle sue squame e **strofinandole** delicatamente. Dopo alcuni minuti di sforzi intensi, riuscirono finalmente a riportare il pesce nell'acqua a cui apparteneva. Rimasero tutti a guardare mentre nuotava al sicuro nelle profondità del lago, **grati di essere riusciti** a salvargli la vita.

Anlama Soruları

1. Mersin nerede bulunuyordu?

2. Mersin'i özel kılan neydi?

3. Mersin'deki aileler hangi yıllık geleneğe katılırlardı?

4. Smith ailesi yıllık gelenekleri hakkında ne hissediyordu?

5. Gölün diğer tarafından gelen yüksek sesli bir su sıçraması duyduklarında aile ne yaptı?

6. Ayrılmak için toparlanırlarken anne neyi fark etti?

7. Balığı kurtardıktan sonra babanın duyguları neydi?

8. Anne neden kocasını çağırdı?

9. Balığı nasıl canlandırdılar?

10. Canlandırıldıktan sonra balığa ne oldu?

Domande di comprensione

1. Dove si trovava Mersin?

2. Cosa ha reso speciale Mersin?

3. A quale tradizione annuale partecipano le famiglie di Mersin?

4. Come si sentiva la famiglia Smith nei confronti della loro tradizione annuale?

5. Che cosa ha fatto la famiglia quando ha sentito un forte spruzzo provenire dall'altra parte del lago?

6. Che cosa notò la madre mentre facevano i bagagli per partire?

7. Quali sono state le emozioni del padre dopo aver salvato il pesce?

8. Perché la madre ha chiamato il marito?

9. Come hanno rianimato il pesce?

10. Cosa è successo al pesce dopo che è stato rianimato?

Trabzon

Trabzon şehri Türkiye'nin kuzeydoğu kesiminde yer almaktadır. Zengin bir tarihe sahip **güzel bir** yerdir. Şehir 2.000 yılı aşkın bir süredir iskân edilmiş ve birçok **farklı** medeniyet tarafından yönetilmiştir. Bugün Trabzon, 1 milyondan fazla nüfusa sahip modern bir şehirdir. Ancak, eski dünya cazibesini hala korumaktadır. Trabzon'daki en popüler turistik yerlerden biri **Sümela** Manastırı'dır. Bu manastır bir dağın yamacına inşa edilmiştir ve sadece dik bir patikada yürüyüş yapılarak ulaşılabilmektedir. **Manastırın** manzarası nefes kesicidir ve oraya ulaşmak için harcanan çabaya değer!

Trabzon'da görülmesi gereken bir diğer yer de Atatürk Köşkü'dür. Bu köşk bir zamanlar modern Türkiye'nin kurucusu Mustafa Kemal Atatürk'e ev sahipliği yapmıştır. **Ziyaretçiler Atatürk'ün** yaşadığı odaları gezebilir ve Türkiye'nin cumhurbaşkanı olduğu dönemde nasıl yaşadığını görebilirler. Dinlenmek ve açık havanın tadını çıkarmak için bir yer arıyorsanız, Trabzon mükemmel bir **yerdir**. Şehir genelinde çok sayıda park ve bahçe bulunmaktadır. En popüler parklardan biri, Roma tarzı bir amfitiyatroya sahip olan Forum Tarihi'dir. Bu park aynı zamanda birkaç restoran ve kafeye de ev sahipliği yapmakta olup, öğleden

Trabzon

La città di Trabzon si trova nella parte nord-orientale della Turchia. È un luogo **bellissimo** e ricco di storia. La città è stata abitata per oltre 2.000 anni ed è stata governata da molte civiltà **diverse**. Oggi Trabzon è una città moderna con una popolazione di oltre 1 milione di abitanti. Tuttavia, conserva ancora il suo fascino antico. Una delle attrazioni turistiche più popolari di Trabzon è il Monastero di **Sumela**. Questo monastero è stato costruito sul fianco di una montagna e può essere raggiunto solo percorrendo un ripido sentiero. La vista dal **monastero** è mozzafiato e vale la pena di fare un po' di fatica per arrivarci!

Un altro luogo da non perdere a Trabzon è la Villa di Ataturk. Questa dimora ospitava Mustafa Kemal Ataturk, il fondatore della Turchia moderna. I **visitatori** possono visitare le stanze in cui Ataturk viveva e vedere come viveva durante il suo periodo di presidenza della Turchia. Se siete alla ricerca di un luogo dove rilassarvi e godervi l'aria aperta, Trabzon è la **destinazione** perfetta. Ci sono molti parchi e giardini in tutta la città. Uno dei parchi più popolari è Forum Tarihi, che ospita un anfiteatro in stile romano. Questo parco ospita anche diversi ristoranti e caffè, che lo rendono il luogo perfetto per trascorrere un pomeriggio. Trabzon è nota anche

sonrayı geçirmek için mükemmel bir yerdir. Trabzon lezzetli yemekleriyle de bilinmektedir. Şehirde hem yerel hem de **uluslararası** yemekler sunan çok **çeşitli** restoranlar bulunmaktadır. Kebap, pide ve baklava gibi geleneksel Türk yemeklerinden bazılarını mutlaka deneyin.

Trabzon'a yapılacak hiçbir ziyaret, **doğada** bir gezintiye çıkmadan tamamlanmış sayılmaz. Trabzon'u çevreleyen bölge birbirinden güzel **dağlar,** ormanlar ve nehirlerle doludur. Bu bölgede muhteşem manzaralar sunan çok sayıda yürüyüş parkuru bulunmaktadır. Eğer **maceraperest** hissediyorsanız, yakındaki nehirlerden birinde beyaz su raftingi bile yapabilirsiniz! İster tarihle, ister yemekle, ister doğayla ilgilenin, Trabzon'da herkes için bir şeyler var. Bu şehir **kaçırılmaması** gereken gerçekten eşsiz bir yer! Trabzon seyahatinizi planlarken Sümela Manastırı Otel'de bir oda ayırtmayı unutmayın. Bu otel **manastırın** hemen yanında yer almaktadır ve şehrin muhteşem manzaralarını sunmaktadır. Odalar konforludur ve personel çok cana yakındır. Burada kalmaktan kesinlikle keyif alacaksınız! Unutulmaz bir deneyim arıyorsanız, Trabzon'dan başka bir yere bakmanıza gerek yok. Bu şehirde herkes için bir şeyler vardır ve tatilinizi unutulmaz bir hale getireceğinden emin olabilirsiniz.

per il suo cibo delizioso. La città ha un'ampia **varietà di** ristoranti che offrono cucina locale e **internazionale**. Non mancate di assaggiare alcuni dei piatti tradizionali turchi, come il kebab, il pide (un tipo di focaccia) e la baklava (una pasta dolce).

Nessuna visita a Trabzon sarebbe completa senza una gita nella **natura**. La regione che circonda Trabzon è ricca di splendide **montagne**, foreste e fiumi. In quest'area ci sono molti sentieri escursionistici che offrono viste mozzafiato del paesaggio. Se vi sentite **avventurosi**, potete anche fare rafting su uno dei fiumi vicini! Che siate interessati alla storia, al cibo o alla natura, Trabzon ha qualcosa per tutti. Questa città è un luogo davvero unico, da non **perdere**! Quando programmate il vostro viaggio a Trabzon, assicuratevi di prenotare una camera al Sumela Monastery Hotel. Questo hotel si trova proprio accanto al **monastero** e offre una splendida vista sulla città. Le camere sono confortevoli e il personale è molto cordiale. Il vostro soggiorno qui sarà sicuramente piacevole! Se siete **alla ricerca** di un'esperienza indimenticabile, non cercate altro che Trabzon. Questa città ha qualcosa per tutti ed è sicura di rendere la vostra vacanza memorabile.

Anlama Soruları

1. Metinde geçen şehrin adı nedir?

2. Şehir hangi ülkede yer almaktadır?

3. Şehrin nüfusu ne kadardır?

4. Şehirdeki en popüler turistik yerlerden biri nedir?

5. Roma tarzı bir amfi tiyatronun bulunduğu parkın adı nedir?

6. Manastırın yanında bulunan otelin adı nedir?

7. Modern Türkiye'nin kurucusunun adı nedir?

8. Kebaplardan yapılan geleneksel Türk yemeğinin adı nedir?

9. Trabzon'da popüler olan tatlı hamur işinin adı nedir?

10. Yakındaki nehirlerden birinde yapabileceğiniz etkinliğin adı nedir?

Domande di comprensione

1. Qual è il nome della città nel testo?

2. In quale Paese si trova la città?

3. Qual è la popolazione della città?

4. Qual è una delle attrazioni turistiche più popolari della città?

5. Come si chiama il parco che ospita un anfiteatro in stile romano?

6. Come si chiama l'albergo che si trova vicino al monastero?

7. Come si chiama il fondatore della Turchia moderna?

8. Come si chiama il piatto tradizionale turco a base di kebab?

9. Come si chiama il dolce popolare a Trabzon?

10. Come si chiama l'attività che si può fare su uno dei fiumi vicini?

Türkiye'nin Kalbi

Türkiye'nin Kalbi, ormanın derinliklerinde özel bir yerdi. Eğer kalbi bulursanız, size bir dilek hakkı verileceği söylenirdi. Ama şimdiye kadar hiç kimse onu bulamamıştı... ta ki şimdiye kadar. 10 yaşındaki Lily ve ailesi Türkiye'de **tatildeydi. Ormanı** keşfederken, bir ağaç gövdesine gömülü garip bir taş kalbe rastladı. Onu üç kez ovaladı ve dileğini diledi: yıllardır görmediği büyükanne ve **büyükbabasını** tekrar görmek. Birdenbire yer sallanmaya başladı ve ağaç gittikçe uzamaya başladı, ta ki Lily ayaklarından havaya kalkana kadar! Sonunda hareket etmeyi **bıraktığında,** kendini tanıdık yüzlerle çevrili **güzel bir** bahçenin içinde buldu - büyükanne ve büyükbabası!

Ona sıkıca sarıldılar ve Türkiye'nin kalbinin parıldayan ışıkları arasından evine götürmeden önce onu ne kadar sevdiklerini söylediler. Lily'nin dileği gerçekleşmişti! **Büyükanne ve büyükbabasını** tekrar görebildiği ve onlarla vakit geçirebildiği için çok mutluydu. Ama bunun hayatta bir kez eline geçecek bir fırsat olduğunu da biliyordu ve bunu en iyi şekilde değerlendirmek **istiyordu.** Lily her gün büyükanne ve büyükbabasıyla birlikte bahçeyi keşfediyordu. Çiçek topluyor, kelebekleri kovalıyor ve hatta birlikte ağaçlara tırmanıyorlardı. Bu Lily'nin asla unutamayacağı en güzel tatildi. Sonunda

Il cuore della Turchia

Il Cuore di Turchia era un luogo speciale, nel profondo della foresta. Si diceva che chi avesse trovato il cuore avrebbe esaudito un desiderio. Ma nessuno era mai riuscito a trovarlo... fino ad ora. Lily, 10 anni, e la sua famiglia erano in **vacanza** in Turchia. Mentre esploravano la **foresta**, si imbatté in uno strano cuore di pietra incastonato in un tronco d'albero. Lo sfregò tre volte ed espresse un desiderio: rivedere i **nonni**, che non vedeva da anni. All'improvviso, il terreno iniziò a tremare e l'albero cominciò a diventare sempre più alto, finché Lily fu sollevata in aria! Quando finalmente **smise di** muoversi, si ritrovò in un **bellissimo** giardino circondata da volti familiari: i suoi nonni!

L'hanno abbracciata forte e le hanno detto quanto le volevano bene prima di riaccompagnarla a casa attraverso le luci scintillanti del cuore della Turchia. Il desiderio di Lily si era avverato! Era così felice di poter rivedere i **nonni** e di trascorrere del tempo con loro. Ma sapeva anche che si trattava di un'occasione unica nella vita e **voleva sfruttarla** al massimo. Ogni giorno Lily esplorava il giardino con i nonni. Raccoglievano fiori, inseguivano farfalle e si arrampicavano insieme sugli alberi. Era la vacanza più bella di sempre, che Lily non avrebbe mai dimenticato. Alla fine arrivò il momento

Lily'nin büyükanne ve büyükbabasına **veda edip** eve dönme zamanı geldi. Ayrıldığı için üzgündü ama onların her zaman kalbinde olacağını biliyordu. Ve yakında tekrar gelip onları ziyaret edeceğine söz verdi. **Türkiye'nin** Kalbi Lily'ye en güzel hediyeyi vermişti - sevdikleriyle bir kez daha vakit geçirme şansı. Bunun için ve ömür boyu sürecek mutlu **anıları için minnettardı.**

Lily'nin hikayesi hızla tüm Türkiye'ye yayıldı ve kısa sürede herkes Türkiye'nin Kalbi ve onun **sihirli** güçleri hakkında konuşmaya başladı. Dünyanın dört bir yanından insanlar kendi dileklerini gerçekleştirme umuduyla ziyarete geldi. Kalp pek çok insana mutluluk getirmişti ve bunların hepsi Lily sayesinde olmuştu. Dünyadaki en özel yeri bulmuş ve büyüsünü herkesle paylaşmıştı. **Türkiye'nin** kalbi Lily için her zaman özel bir yer olacak. Orada bir dilek tuttu ve bu dilek en **muhteşem** şekilde gerçekleşti. Büyükannesi ve büyükbabasıyla geçirdiği zamanı her düşündüğünde hissettiği ve hissetmeye devam ettiği **mutluluğu** asla unutmayacak. Lily'nin hikayesi gelecek **nesiller** boyunca anlatılacak bir hikaye. Dileklerin gerçekleşebileceğini ve sevginin gücünün dünyadaki her şeyden daha güçlü olduğunu hatırlatıyor.

in cui Lily dovette **salutare** i nonni e tornare a casa. Era triste per la partenza, ma sapeva che sarebbero stati sempre nel suo cuore. E si ripromise di tornare presto a trovarli. Il Cuore di **Turchia** aveva fatto a Lily il regalo più bello di tutti: la possibilità di trascorrere ancora una volta del tempo con i suoi cari. Era **grata** per questo e per i **ricordi** felici che sarebbero durati per tutta la vita.

La storia di Lily si diffuse rapidamente in tutta la Turchia e presto tutti parlarono del Cuore di Turchia e dei suoi poteri **magici**. Persone da tutto il mondo venivano a visitarlo, sperando di realizzare i propri desideri. Il Cuore aveva portato la felicità a così tante persone, ed era tutto merito di Lily. Aveva trovato il luogo più speciale del mondo e aveva condiviso la sua magia con tutti. Il cuore della **Turchia** sarà sempre un luogo speciale per Lily. È lì che ha espresso il suo desiderio, che si è avverato nel modo più **sorprendente**. Non dimenticherà mai la felicità che ha provato - e che continua a provare - ogni volta che ripensa al tempo trascorso in **compagnia** dei nonni. La storia di Lily sarà raccontata per le **generazioni** a venire. Ci ricorda che i desideri possono diventare realtà e che il potere dell'amore è più forte di qualsiasi altra cosa al mondo.

Anlama Soruları

1. Lily'nin dileği neydi?

2. Lily'nin dileği nasıl gerçekleşti?

3. Lily her gün büyükanne ve büyükbabasıyla ne yapıyordu?

4. Lily'nin hikayesi neden tüm Türkiye'de hızla yayıldı?

5. Lily'nin hikayesinden bir hatırlatma nedir?

6. Türkiye'nin Kalbi nerede bulunuyordu?

7. Türkiye'nin Kalbi'ni bulsaydınız ne olurdu?

8. Türkiye'nin Kalbi'ni bulan ilk kişi kimdir?

9. Lily, Türkiye'nin Kalbi'ni bulduğunda kaç yaşındaydı?

10. Lily için en özel yer neresiydi?

Domande di comprensione

1. Qual era il desiderio di Lily?

2. Come si è avverato il desiderio di Lily?

3. Cosa faceva Lily ogni giorno con i nonni?

4. Perché la storia di Lily si è diffusa rapidamente in tutta la Turchia?

5. Che cosa ricorda la storia di Lily?

6. Dove si trovava il Cuore della Turchia?

7. Cosa succederebbe se si trovasse il Cuore della Turchia?

8. Chi è stato il primo a trovare il Cuore di Turchia?

9. Quanti anni aveva Lily quando ha trovato il Cuore di Tacchino?

10. Qual è stato il luogo più speciale per Lily?

Türk Lokumları

Türk Lokumunu ilk kez İstanbul'da sıcak bir yaz gününde yemiştim. Sıcaklık o kadar **yoğundu** ki hava pekmezden yapılmış gibi hissediliyordu. O lezzetli görünen şekerlerden elime bir tane geçirebilseydim, dünya biraz daha serin olurdu diye düşündüğümü hatırlıyorum. Dükkâna girdim ve onları hemen fark ettim: güneş ışığında **parlayan** sıra sıra renkli şekerler. Ne seçeceğimi bilemediğim için tezgâhın arkasındaki kadına tavsiyesini sordum. Gülümsedi ve bana bir kutu gül aromalı lokum uzattı. Bir ısırık alır almaz müptelası oldum. Şekerlemenin **tatlılığı** gül kokusuyla **birleştiğinde** daha önce deneyimlediğim hiçbir şeye benzemiyordu. O zamandan beri lokumlar en sevdiğim ikramlardan biri oldu!

Türk Lokumu ile İstanbul'da yaşadığım dönemde tanıştım. Türkiye'den bir arkadaşım ne zaman ziyaretime gelse bana mutlaka bir kutu getirirdi. İlk başta ne yapacağımdan emin değildim. Çok garip görünüyorlardı, içinde fındık ve baharatlar olan küçük jöle küpleri gibi. Ama bir kez tadına bakınca, müptelası oldum. Tatlı ve **tuzlu** tatların birleşimi daha önce yediğim hiçbir şeye benzemiyordu. Ve dokusu! Tarif etmesi zor ama şimdiye kadar **deneyimlediğim** hiçbir şeye benzemiyor. Lokum kesinlikle edinilmesi

Delizie turche

La prima volta che ho mangiato una delizia turca è stato in una calda giornata estiva a Istanbul. Il caldo era così **intenso** che l'aria sembrava fatta di melassa. Ricordo di aver pensato che se avessi potuto mettere le mani su quelle caramelle dall'aspetto delizioso, il mondo sarebbe stato un po' più fresco. Entrai nel negozio e li individuai subito: file e file di caramelle colorate, che **scintillavano** alla luce del sole. Non sapevo cosa scegliere, così ho chiesto alla donna dietro il bancone un consiglio. Lei **sorrise** e mi porse una scatola di delizie turche al gusto di rosa. Non appena ho dato un morso, mi sono innamorata. La **dolcezza** delle caramelle **combinata** con l'odore fragrante delle rose non era mai stata provata prima. Da allora, le Turkish Delights sono diventate una delle mie delizie preferite!

Ho conosciuto le delizie turche quando vivevo a Istanbul. Una mia amica, originaria della Turchia, me ne portava sempre una scatola ogni volta che veniva a trovarmi. All'inizio non sapevo bene cosa pensare. Sembravano così strani, come piccoli cubetti di gelatina con dentro noci e spezie. Ma una volta assaggiati, mi hanno conquistata. La combinazione di sapori dolci e **salati** era diversa da qualsiasi altra cosa avessi mai provato prima. E la consistenza! È difficile da

gereken bir tat, ancak bir kez edindiğinizde ömür boyu bağımlısı olacaksınız! Arkadaşlarım geldiğinde her zaman elimde bir ya da iki kutu bulundurmaya özen gösteriyorum. Her zaman yeni **bir şeyler** denemeyi severler ve Turkish Delights asla etkilemekte başarısız olmaz. Eğer siz de damak tadınıza hitap edecek eşsiz bir lezzet arıyorsanız, Turkish Delights'tan başkasına bakmayın! Yakın zamanda yeni bir Türk Lokumu çeşidiyle tanıştım: portakal çiçeği. İlk başta şüpheyle yaklaştım. Gül aromalı lokumların **mükemmelliği** nasıl daha iyi **olabilirdi ki?** Ama oğlum, yanılmışım! Portakal çiçeği çeşidi orijinalinden bile daha **lezzetli.** Daha önce bağımlısı olduğunuzu düşünüyorsanız, bu yeni lezzeti deneyene kadar bekleyin! Eğer gerçekten eşsiz ve egzotik bir lezzet arıyorsanız, Turkish Delights'tan başkasına bakmayın.

Tatlı ve tuzlu lezzetleri, kışkırtıcı dokuları ve **güzel** renkleriyle duyularınızı tatmin edecek ve daha fazlasını istemenize neden olacaklardır. Geçen gün pazardayken lokum satan bir **kadın** gördüm. Bir süredir yememiştim, bu yüzden biraz almaya karar verdim. Gül aromalı olanlardan istediğimde kadın bana garip bir bakış attı ama yine de bana bir kutu uzattı.

descrivere, ma non ho mai **provato** nulla di simile. Le delizie turche sono sicuramente un gusto acquisito, ma una volta acquisite, ne resterete affascinati per tutta la vita! Mi assicuro sempre di avere una scatola o due a portata di mano ogni volta che vengono degli amici. A loro piace sempre provare **qualcosa di** nuovo e le delizie turche non mancano mai di stupire. Se siete alla ricerca di una delizia unica che stuzzichi le vostre papille gustative, non cercate altro che Turkish Delights! Di recente mi è stato presentato un nuovo gusto di Turkish Delight: i fiori d'arancio. All'inizio ero scettica. Voglio dire, come **si può** migliorare la **perfezione** delle Turkish Delights alla rosa? Ma mi sbagliavo! La varietà ai fiori d'arancio è ancora più **deliziosa dell'**originale. Se prima pensavate di esserne conquistati, aspettate di provare questo nuovo gusto! Se siete alla ricerca di una delizia davvero unica ed esotica, non cercate altro che Turkish Delights.

Con i loro sapori dolci e salati, le loro consistenze stuzzicanti e i loro **bellissimi** colori, sono sicuri di deliziare i vostri sensi e di lasciarvi con la voglia di saperne di più. L'altro giorno ero al mercato e ho visto una **donna** che vendeva delizie turche. Era da un po' che non le mangiavo, così ho deciso di comprarne qualcuna. La donna mi ha guardato in modo strano quando ho chiesto quelle al gusto di rosa, ma mi ha consegnato comunque una scatola.

Anlama Soruları

1. Yazar İstanbul'un havası hakkında ne diyor?

2. Yazar bir lokum dükkanına ilk ziyaretinde ne satın almıştır?

3. Yazar lokumların dokusu hakkında ne söylüyor?

4. Yazarın en sevdiği Türk Lokumu çeşidi nedir?

5. Yazarın portakal çiçeği aromalı lokumlara ilk tepkisi ne oldu?

6. Yazar, Türk Lokumları hakkında bağımlılık yapan şeyin ne olduğunu söylüyor?

7. Yazar, Türk Lokumu arayanlara ne tavsiye ediyor?

8. Yazar, pazarcı kadının gül aromalı lokum isteğine verdiği tepki hakkında ne söylüyor?

9. Yazar eve gidip lokum kutusunu açtığında neye şaşırdı?

10. Yazar en sevdiği şekerin ne olduğunu söylüyor?

Domande di comprensione

1. Cosa dice l'autore dell'aria di Istanbul?

2. Che cosa ha comprato l'autore durante la sua prima visita a un negozio di delizie turche?

3. Che cosa dice l'autore sulla consistenza delle delizie turche?

4. Qual è il gusto preferito dell'autore per la delizia turca?

5. Qual è stata la reazione iniziale dell'autore alle delizie turche al gusto di fiori d'arancio?

6. Secondo l'autore, che cosa crea dipendenza nelle delizie turche?

7. Che cosa consiglia l'autore di Turkish Delights alle persone che lo cercano?

8. Che cosa dice l'autore della reazione della donna del mercato alla sua richiesta di delizie turche al gusto di rosa?

9. Quando l'autore tornò a casa e aprì la scatola di delizie turche, cosa fu sorpreso di trovare?

10. Secondo l'autore, qual è la sua caramella preferita?

Türkiye'de Bir Amerikalı

Türkiye'ye ilk kez geliyordum ve ülkeyi keşfedeceğim için heyecanlıydım. Türkiye'nin kültürü ve tarihi her zaman **ilgimi çekmişti** ve şimdi nihayet bunu ilk elden deneyimleyebilecektim. Ailem ve ben İstanbul'a vardık ve şehrin güzelliği karşısında **hemen etkilendik.** İlk birkaç günümüzü çarpıcı mimarisinden **lezzetli** yemeklerine kadar İstanbul'un sunduğu her şeyi keşfederek geçirdik. Türkiye'deki üçüncü günümüzde İstanbul'un dışına çıkmaya ve **ülkenin** diğer bölgelerini keşfetmeye karar verdik. Bir araba kiralayıp Antalya'ya gittik ve burada sahilde dinlenerek birkaç gün geçirdik. Hava mükemmeldi ve orada geçirdiğimiz her dakikanın **tadını çıkardık.** Antalya'da birkaç gün geçirdikten sonra İstanbul'a doğru geri dönmeye başladık.

Yol boyunca Efes ve Truva da **dahil olmak üzere** birkaç **farklı** tarihi yerde durduk. Daha önce hakkında sadece bir şeyler okuduğum bu yerleri görmek inanılmazdı; yaşayan tarih kitaplarının hayata geçmesi gibiydi. Gezimiz çok erken sona erdi, ancak Türkiye'den ömür boyu sürecek harika anılarla (ve bolca fotoğrafla) ayrıldık. Sonunda Türkiye'yi ziyaret edebildiğim için çok heyecanlıydım. **Türk** kültürü ve

Un americano in Turchia

Era la mia prima volta in Turchia ed ero entusiasta di esplorare il Paese. Mi ero sempre **interessata** alla cultura e alla storia della Turchia e ora finalmente avrei potuto sperimentarla in prima persona. Io e la mia famiglia siamo arrivati a Istanbul e siamo stati **subito** colpiti dalla bellezza della città. Abbiamo trascorso i primi giorni esplorando tutto ciò che Istanbul aveva da offrire, dalla splendida architettura al cibo **delizioso**. Il terzo giorno di permanenza in Turchia, abbiamo deciso di avventurarci fuori da Istanbul e di esplorare altre zone del **Paese**. Abbiamo noleggiato un'auto e siamo andati ad Antalya, dove abbiamo trascorso qualche giorno di relax sulla spiaggia. Il tempo era perfetto e ci siamo **goduti** ogni minuto del nostro soggiorno. Dopo qualche giorno ad Antalya, abbiamo iniziato a risalire verso Istanbul.

Ci siamo fermati in **diversi** siti storici lungo il percorso, **tra cui** Efeso e Troia. È stato incredibile vedere questi luoghi di cui avevo solo letto prima; mi sono sembrati dei libri di storia viventi che prendono vita. Il nostro viaggio si è concluso troppo presto, ma abbiamo lasciato la Turchia con ricordi meravigliosi (e un sacco di foto) che ci accompagneranno per tutta la vita. Ero

tarihi her zaman ilgimi çekmişti ve şimdi bunu ilk elden deneyimleyebilecektim. Ailem ve ben İstanbul'a vardık ve şehrin güzelliği karşısında **hemen etkilendik.** İlk birkaç günümüzü **çarpıcı** mimarisinden lezzetli yemeklerine kadar İstanbul'un sunduğu her şeyi keşfederek geçirdik. Türkiye'deki üçüncü günümüzde İstanbul'un dışına çıkmaya ve ülkenin diğer bölgelerini keşfetmeye karar verdik. Bir araba kiraladık ve birkaç günümüzü dinlenerek geçirdiğimiz Antalya'ya gittik. Hava mükemmeldi ve orada geçirdiğimiz her dakikanın tadını çıkardık. Antalya'da birkaç gün geçirdikten sonra İstanbul'a doğru geri dönmeye başladık. Yol boyunca Efes ve Truva da dahil olmak üzere birkaç farklı **tarihi yerde** durduk. Daha önce sadece okumuş olduğum bu yerleri görmek inanılmazdı; yaşayan tarih kitaplarının hayata geçmesi gibi hissettim.

Seyahatimiz çok erken sona erdi, ancak Türkiye'den ömür boyu sürecek harika anılarla (ve bol miktarda fotoğrafla) ayrıldık. Türkiye'deki son günümüzdü ve bunu en iyi şekilde değerlendirmeye kararlıydık. Hayal ettiğimizden daha da etkileyici olan Efes antik kentini **ziyaret** ederek başladık. Kalıntılar arasında dolaştık ve yüzyıllar önce başarılmış olan inanılmaz mühendislik başarılarına **hayran kaldık.**

così entusiasta di poter finalmente visitare la Turchia. Mi ero sempre interessata alla cultura e alla storia **turche** e ora avrei potuto viverle in prima persona. Io e la mia famiglia siamo arrivati a Istanbul e siamo stati **subito** colpiti dalla bellezza della città. Abbiamo trascorso i primi giorni esplorando tutto ciò che Istanbul aveva da offrire, dalla **splendida** architettura al cibo delizioso. Il terzo giorno di permanenza in Turchia, abbiamo deciso di avventurarci fuori da Istanbul e di esplorare altre zone del Paese. Abbiamo noleggiato un'auto e siamo andati ad Antalya, dove abbiamo trascorso qualche giorno di relax. Il tempo era perfetto e ci siamo goduti ogni minuto del nostro soggiorno. Dopo qualche giorno ad Antalya, abbiamo iniziato a risalire verso Istanbul. Lungo la strada ci siamo fermati in diversi siti **storici**, tra cui Efeso e Troia. È stato incredibile vedere questi luoghi di cui avevo solo letto prima; mi sono sembrati dei libri di storia viventi che prendono vita.

Il nostro viaggio si è concluso troppo presto, ma abbiamo lasciato la Turchia con ricordi meravigliosi (e tante foto) che ci rimarranno per tutta la vita.
Era il nostro ultimo giorno in Turchia ed eravamo determinati a sfruttarlo al massimo. Abbiamo iniziato **visitando** l'antica città di Efeso, che era ancora più impressionante di quanto avessimo immaginato. Abbiamo passeggiato tra le rovine, **ammirando** le incredibili opere di ingegneria realizzate tanti secoli fa.

Anlama Soruları

1. Yazarın İstanbul hakkındaki ilk izlenimi neydi?

2. Yazar Türkiye'deki üçüncü gününde ne yapmıştır?

3. Yazar Antalya'dan sonra nereye gitti?

4. Efes'i görünce yazarın tepkisi ne oldu?

5. Yazarın Türkiye'deki son gününde son durağı neresiydi?

6. Yazar neden seyahatlerini her zaman hatırlayacak?

7. Yazarın Türkiye'deki son gün için hedefi neydi?

8. Yazar Troya hakkında ne düşünüyor?

9. İstanbul'da şehrin ışıklarını canlandıran neydi?

10. Antalya'da hava nasıldı?

Domande di comprensione

1. Qual è stata la prima impressione dell'autore su Istanbul?

2. Che cosa ha fatto l'autore il terzo giorno in Turchia?

3. Dove è andato l'autore dopo Antalya?

4. Qual è stata la reazione dell'autore nel vedere Efeso?

5. Qual è stata la tappa finale dell'autore nell'ultimo giorno in Turchia?

6. Perché l'autore avrà sempre a cuore il suo viaggio?

7. Qual era l'obiettivo dell'autore per l'ultimo giorno in Turchia?

8. Cosa pensa l'autore di Troia?

9. Cosa ha fatto sì che le luci della città si animassero a Istanbul?

10. Che tempo fa ad Antalya?

Kapadokya'nın Harikaları

Güneş ufukta batıyordu ve ışığın son huzmeleri Kapadokya **antik** kentinin üzerinde parlıyordu. Şehir, uçsuz bucaksız bir çölün ortasında yüksek bir plato üzerine kurulmuştu. **Yüzyıllar** boyunca savaştan ya da zulümden kaçan insanların sığındığı bir yer olmuş. Şimdi ise bir turizm **merkezi** ve dünyanın dört bir yanından insanlar eşsiz manzarasını görmek için geliyor. Şehir, dev eller tarafından oyulmuş gibi görünen garip kaya oluşumlarıyla doluydu. Hatta bazıları **oyulmuş** ve ev ya da kilise olarak kullanılmış. Ayrıca ilk yerleşimciler tarafından düşman saldırılarından kaçmak için kazılmış yeraltı şehirleri de vardı. Şehrin dört bir yanında, gökyüzünde süzülen sıcak hava **balonları** ziyaretçilere bu muhteşem yerin kuşbakışı manzarasını sunuyordu. Gece çöktüğünde, balonlardan gelen ışıklar tüm şehri **aydınlatarak bir** peri masalından çıkmış gibi görünmesini sağlıyordu.

Gece çöktüğünde balonların ışıkları tüm şehri aydınlatarak bir peri masalından çıkmış gibi görünmesini sağladı. Sokaklar boştu ve havada bir huzur hissi vardı. **Birden büyük** bir gürültü koptu ve yer sallanmaya başladı. Yerde oluşan devasa çatlakları

Meraviglie della Cappadocia

Il sole stava tramontando all'orizzonte e gli ultimi raggi di luce illuminavano l'**antica** città di Cappadocia. La città è stata costruita su un altopiano nel mezzo di un vasto deserto. Per **secoli è stata** un luogo di rifugio per le persone in fuga dalla guerra o dalle persecuzioni. Ora è una **destinazione** turistica e la gente viene da tutto il mondo per vedere il suo paesaggio unico. La città era piena di strane formazioni rocciose che sembravano scolpite da mani giganti. Alcune di esse erano addirittura **scavate** e utilizzate come case o chiese. C'erano anche città sotterranee, scavate dai primi coloni per sfuggire agli attacchi nemici. Intorno alla città fluttuavano **mongolfiere** che offrivano ai visitatori una vista a volo d'uccello di questo luogo straordinario. Al calar della sera, le luci delle mongolfiere **illuminavano** l'intera città, facendola sembrare uscita da una fiaba.

Al calar della notte, le luci dei palloncini illuminarono l'intera città, facendola sembrare uscita da una fiaba. Le strade erano vuote e c'era una sensazione di pace nell'aria. **All'improvviso**, si sentì un forte rumore e la terra iniziò a tremare. La gente uscì di corsa dalle case in preda al panico, vedendo enormi crepe nel

gören insanlar panik içinde evlerinden dışarı koşmaya başladılar. Bazıları toprak tarafından yutuldu, diğerleri ise düşen kayalar tarafından ezildi. Şehir bir depremle yerle bir oluyordu ama mucizevi bir şekilde hiçbir insan zarar görmedi. Hepsi orada durmuş, evlerinin ve **geçim kaynaklarının** gözlerinin önünde parçalanışını izliyordu. Şafak sökerken, hayatta kalanlar hasarı değerlendirmeye başladı. Binaların çoğu yıkılmıştı ama neyse ki hiç can kaybı olmamıştı. Gidecek başka yerleri olmadığı için evlerini ve işyerlerini yeniden inşa etmeye karar verdiler. Bu uzun bir süreç olacaktı ama **Kapadokya'yı** yeniden kalkındırmaya **kararlıydılar.** Ve böylece, sıkı çalışma ve kararlılıkla, şehir yavaş yavaş küllerinden doğmaya başladı. Birkaç yıl sonra Kapadokya yeniden gelişen bir şehir oldu.

Eşsiz manzara restore edilmiş ve yeraltı şehirleri bir kez daha turistlere açılmıştı. Kapadokya halkı dünyaya dirençli olduklarını ve şehirlerinin bir harikalar diyarı olduğunu göstermişti. Kapadokya halkı patlamanın neden olduğu yıkımı gördüklerinde yıkılmıştı. Ancak **dirençliydiler** ve şehirlerini yeniden inşa etmek için çok çalıştılar. Birkaç yıl sonra Kapadokya yeniden gelişmeye başladı ve yeraltı şehirleri turistlere açıldı. Kapadokya halkı şehirlerini geri aldıkları için minnettardı ve gelişmesi için çok çalıştılar.

terreno. Alcuni furono inghiottiti dalla terra, altri furono schiacciati dalla caduta di massi. La città era **distrutta** dal terremoto ma, miracolosamente, nessuna delle persone era ferita. Rimasero tutti lì a guardare mentre le loro case e i loro **mezzi di sostentamento** si sgretolavano davanti ai loro occhi. Al sorgere dell'alba, i sopravvissuti iniziarono a valutare i danni. La maggior parte degli edifici era stata distrutta, ma fortunatamente non c'erano state vittime. **Non** avendo altro posto dove andare, decisero di ricostruire le loro case e le loro attività. Sarebbe stato un processo lungo, ma erano **determinati** a far prosperare nuovamente **la Cappadocia**. E così, con duro lavoro e determinazione, la città cominciò lentamente a risorgere dalle sue ceneri. Pochi anni dopo, la Cappadocia era di nuovo una città fiorente.

Il paesaggio unico era stato restaurato e le città sotterranee erano di nuovo aperte ai turisti. Gli abitanti della Cappadocia avevano dimostrato al mondo di essere resistenti e che la loro città era un luogo di meraviglia.Gli abitanti della Cappadocia furono devastati quando videro la distruzione causata dall'eruzione. Ma erano **resistenti** e lavorarono duramente per ricostruire la loro città. Pochi anni dopo, la Cappadocia era di nuovo fiorente e le città sotterranee erano aperte ai turisti. Gli abitanti della Cappadocia erano grati di aver riavuto la loro città e lavorarono duramente per farla prosperare.

Anlama Soruları

1. Kapadokya şehri neyin üzerine kurulmuştur?

2. Kapadokya tarih boyunca ne için kullanılmıştır?

3. İnsanlar Kapadokya'da neleri görmek için dünyanın dört bir yanından geliyor?

4. Kapadokya'nın benzersiz özelliklerinden bazıları nelerdir?

5. Kapadokya şehri geceleri nasıldır?

6. Deprem olduğunda Kapadokya'ya ne oldu?

7. Kapadokya halkı yıkıma nasıl tepki gösterdi?

8. Kapadokya halkı kentlerini yeniden inşa etmek için ne yaptı?

9. Patlamadan birkaç yıl sonra Kapadokya nasıl bir yerdi?

10. Kapadokya halkı şehirleriyle neden gurur duyuyor?

Domande di comprensione

1. Su cosa è costruita la città di Cappadocia?

2. Per cosa è stata utilizzata la Cappadocia nel corso della storia?

3. Che cosa viene a vedere la Cappadocia da tutto il mondo?

4. Quali sono le caratteristiche uniche della Cappadocia?

5. Com'è la città di Cappadocia di notte?

6. Cosa è successo in Cappadocia quando c'è stato un terremoto?

7. Come reagì la popolazione della Cappadocia alla distruzione?

8. Cosa fecero gli abitanti della Cappadocia per ricostruire la loro città?

9. Com'era la Cappadocia qualche anno dopo l'eruzione?

10. Perché gli abitanti della Cappadocia sono orgogliosi della loro città?

Efes

Efes bir zamanlar hayat ve faaliyet dolu, hareketli bir şehirdi. Ama şimdi hayalet bir şehir. Duyulabilen tek ses, **boş** sokaklarda esen rüzgâr. Sanki şehir zaman içinde **donmuş gibi.** Efes'e tam olarak ne olduğunu kimse bilmiyor. Bir gün öylece yok oldu. İnsanlar, binalar, her şey iz bırakmadan ortadan kayboldu. Bazıları kentin öfkeli bir tanrı tarafından lanetlendiğini, bazıları ise yeryüzü tarafından yutulduğunu söylüyor. **Her ne olduysa,** Efes artık bir anıdan başka bir şey değil. Ancak kentin yok olmadığını söyleyenler de var. Onu rüyalarında ya da gözlerinin ucuyla gördüklerini **iddia** ediyorlar.

Kimse nerede olduğundan ya da oraya nasıl gidileceğinden emin olmasa da hâlâ hayat dolu bir şehir. Bazıları paralel bir dünya olduğunu söylerken, diğerleri başka bir boyut olduğunu söylüyor. Ancak Efes her ne ise, **insanlar** ona çekilmekten kendilerini alamıyorlar. Sonuçta, kayıp bir şehirden daha ilgi çekici ne olabilir? **Efes'e** ne olduğunu kimse kesin olarak bilmiyor. Ama bu insanları onu aramaktan alıkoymuyor. Belki bir gün birileri cevabı bulacak ve nihayet bu kayıp şehrin gizemini çözecektir. Sofia da Efes'e ilgi duyan insanlardan biriydi. Şehir ve gizemi onu her zaman büyülemişti. Bu yüzden şehri bulduklarını iddia eden

Efeso

Un tempo Efeso era una città vivace, piena di vita e di attività. Ma ora è una città fantasma. L'unico suono che si sente è il vento che soffia nelle strade **vuote**. È come se la città fosse stata **congelata** nel tempo. Nessuno sa esattamente cosa sia successo a Efeso. Un giorno non c'era più. Le persone, gli edifici, tutto è scomparso senza lasciare traccia. C'è chi dice che la città sia stata maledetta da un dio arrabbiato e chi dice che sia stata inghiottita dalla terra stessa. **Qualunque cosa sia** accaduta, Efeso è ormai solo un ricordo. Ma c'è chi dice che la città non è scomparsa. **Affermano di** averla vista, in sogno o con la coda dell'occhio.

Una città che ancora brulica di vita, anche se nessuno sa bene dove si trovi o come ci si arrivi. Alcuni dicono che sia un mondo parallelo, altri che sia un'altra dimensione. Ma qualunque cosa sia Efeso, la **gente non** può fare a meno di esserne attratta. Dopo tutto, cosa c'è di più intrigante di una città perduta? Nessuno sa con certezza cosa sia successo a **Efeso**. Ma questo non impedisce alla gente di cercarla. Forse un giorno qualcuno troverà la risposta e risolverà finalmente il mistero di questa città perduta. Sofia era una di quelle persone attratte da Efeso. Era sempre stata affascinata dalla città e dal suo mistero. Così, quando sentì parlare

bir grup insan olduğunu duyduğunda onlara katılmakta **tereddüt etmedi.** Grup Simon adında bir adam tarafından yönetiliyordu.

Şehri rüyasında gördüğünü ve onu nasıl bulacağını bildiğini söyledi. Sofia ve diğerleri, kendilerini bu kayıp şehre götüreceğine güvenerek onu çöle kadar takip ettiler. Günlerce **yürüdükten** sonra, hiçliğin ortasında garip bir kapıya rastladılar. Simon bunun **Efes'in** girişi olduğunu söyledi. Herkes bir an tereddüt etti, bunu yapıp yapmamaları gerektiğinden emin değillerdi. Ama sonra Sofia bir **adım** öne çıktı ve kapıyı açtı. Sofia kapıdan içeri adımını atar atmaz bir şeylerin yolunda gitmediğini anladı. Diğerleri **tereddütle** onu takip etti ama diğer tarafta ne olduğunu gördüklerinde hepsi durdu. Boş bir arazinin önünde duruyorlardı. Orada kum ve kayalardan başka bir şey yoktu. Herhangi bir yaşam belirtisi yoktu. Hepsi Simon'a bakmak için döndüler ama o sadece bilerek gülümsedi. "Size söylemiştim," dedi, "Efes yok oldu."

di un gruppo di persone che sosteneva di averla trovata, non **esitò a** unirsi a loro. Il gruppo era guidato da un uomo di nome Simone.

Disse di aver visto la città in sogno e di sapere come trovarla. Sofia e gli altri lo seguirono nel deserto, confidando che li conducesse alla città perduta. Dopo giorni di **cammino**, si imbatterono in una strana porta nel bel mezzo del nulla. Simon disse che quella era l'entrata di **Efeso**. Tutti esitarono per un momento, incerti se andare avanti o meno. Ma poi Sofia **si fece** avanti e aprì la porta. Non appena Sofia varcò la porta, capì che c'era qualcosa che non andava. Gli altri la seguirono **esitanti**, ma si fermarono tutti quando videro cosa c'era dall'altra parte. Si trovavano di fronte a una landa desolata e vuota. Non c'era altro che sabbia e rocce. Non c'era alcun segno di vita. Si voltarono tutti a guardare Simon, ma lui si limitò a sorridere con consapevolezza. "Ve l'avevo detto", disse, "Efeso non c'è più".

Anlama Soruları

1. Metnin ana fikri nedir?

2. Efes'e ne oldu?

3. Sofia kimdi?

4. Sofia'nın katıldığı gruba kim liderlik etti?

5. Simun Efes hakkında ne söyledi?

6. Kapının diğer tarafında ne vardı?

7. Grup diğer tarafı gördüğünde nasıl tepki verdi?

8. Simun kendisine döndüklerinde ne dedi?

9. İnsanlar Efes hakkında ne diyor?

10. Kayıp şehrin gizemi nedir?

Domande di comprensione

1. Qual è l'idea principale del testo?

2. Cosa è successo a Efeso?

3. Chi era Sofia?

4. Chi guidava il gruppo a cui si è unita Sofia?

5. Che cosa disse Simone di Efeso?

6. Cosa c'era dall'altra parte della porta?

7. Come ha reagito il gruppo quando ha visto l'altro lato?

8. Cosa disse Simone quando si rivolsero a lui?

9. Cosa si dice di Efeso?

10. Qual è il mistero della città perduta?

Pamukkale

Pamukkale'ye tam olarak ne **olduğunu** kimse bilmiyor. Bir gün herkes kalktı ve gitti. Bazıları şehrin etrafında meydana gelen garip olaylardan korktuklarını söylüyor. Diğerleri ise daha kötü bir şeyin meydana geldiğini ve insanları uzaklaştıran şeyin evlerini ve **geçim kaynaklarını** da yok ettiğini iddia ediyor. Kimse kesin olarak bilmiyor, ancak **Pamukkale bugüne** kadar terk edilmiş durumda. Ancak Pamukkale'yi hala sevgiyle hatırlayanlar ve eski görkemli günlerine dönmesini özleyenler var. Bu insanlardan biri de Hasan.

Pamukkale'de doğup büyüdü ve burası onun gerçekten evim dediği tek yer. Herkes gittiğinde Hasan geride kaldı. Ne kadar ürkütücü ve boş hale gelmiş olursa olsun, sevgili şehrini terk etmeyi reddetti. Hasan günlerini Pamukkale sokaklarında dolaşarak, eski **anılarını** yeniden yaşayarak geçiriyor. Her şey hala normalmiş, şehir sadece mola vermiş ve yakında tekrar eski yoğun haline dönecekmiş gibi **davranmayı** seviyor. Bir bakıma Hasan bir hayal dünyasında yaşamaktadır, ama bu gerçekle yüzleşmekten daha iyidir. Ancak bir gün, **terk edilmiş** binalardan birinden gelen garip sesler duyduğunda Hasan'ın pastoral balonu patlar. Sanki içeride **biri** ya da bir şey hareket etmektedir. Pamukkale'de hâlâ yaşayan başka bir insan olabilir

Pamukkale

Nessuno sa esattamente cosa sia **successo** a Pamukkale. Un giorno, tutti si alzarono e se ne andarono. Alcuni dicono che furono spaventati da strani avvenimenti che si verificarono intorno alla città. Altri sostengono che sia accaduto qualcosa di più sinistro e che qualsiasi cosa abbia spinto gli abitanti ad andarsene abbia anche distrutto le loro case e i loro **mezzi di sostentamento**. Nessuno lo sa con certezza, ma **Pamukkale** rimane abbandonata ancora oggi. Ma c'è chi ancora ricorda Pamukkale con affetto e desidera che ritorni ai giorni di gloria passati. Una di queste persone è Hasan.

È nato e cresciuto a Pamukkale, l'unico posto che abbia mai chiamato veramente casa. Quando tutti se ne sono andati, Hasan è rimasto. Si è rifiutato di abbandonare la sua amata città, per quanto inquietante e vuota fosse diventata. Hasan trascorre le sue giornate camminando per le strade di Pamukkale, rivivendo vecchi **ricordi**. Gli piace **far finta** che tutto sia ancora normale, che la città si stia solo prendendo una pausa e che presto tornerà a essere frenetica. In un certo senso, Hasan vive nel mondo dei sogni, ma è meglio che affrontare la realtà. Un giorno, però, la bolla idilliaca di Hasan si rompe quando sente strani rumori provenire da uno

mi? Ya da daha kötü bir şey olabilir mi? Merakla (ve biraz da korkuyla) binaya yaklaşır Hasan. Kırık bir pencereden içeri bakar ve gördükleri onu **şok eder:** İçeride **koşuşturan** yaratıklar vardır! Küçük, tüylü ve uzun kuyruklu yaratıklar; fareler! Hayatında daha önce hiç bu kadar çok fare görmemiştir! Ve sadece bu binada değil, Pamukkale'nin **her yerinde varlarmış gibi** görünüyorlar! Onları buraya böyle toplu halde ne getirmiş olabilir?

Her zaman burada değillerdi, değil mi? İçine huzursuz bir his yerleşirken, belki de -sadece belki de- yıllar önce **herkesi Pamukkale'd**en uzaklaştıran şeyin bu fareler olduğunu fark eder. Fareler Pamukkale'yi ele geçirmiştir. Hasan şehirde kalan tek insandır ve daha ne kadar dayanabileceğinden emin değildir. Kemirgenlerden saklanmak için elinden geleni yapıyor ama onlar her yerde gibi görünüyor. Tüm binaları ve evleri yok etmişler, geride molozdan başka bir şey bırakmamışlardır. Ve Hasan, onu bulurlarsa onu da öldüreceklerini biliyor. Haftalardır derme çatma bir barınakta yaşıyor ve bulabildiği yiyeceklerle zar zor **hayatta kalmaya çalışıyor.** Zayıf ve açlıktan ölmek üzere ve farelerin onu burada da bulmasının uzun sürmeyeceğini biliyor.

degli edifici **abbandonati**. Sembra che **qualcuno** o qualcosa si muova all'interno. Potrebbe esserci un'altra persona che vive ancora a Pamukkale? O potrebbe essere qualcosa di più sinistro? Incuriosito (e un po' spaventato), Hasan si avvicina cautamente all'edificio. Sbircia all'interno attraverso una finestra rotta e ciò che vede lo **sconvolge**: Ci sono delle creature **che si aggirano all**'interno! Sono piccoli e pelosi, con lunghe code: topi! Non ha mai visto tanti topi in vita sua! E sembrano essere **ovunque**, non solo in questo edificio, ma in tutta Pamukkale! Cosa può averli portati qui in massa?

Sicuramente non sono sempre stati qui... giusto? Mentre una sensazione di disagio si impossessa di lui, si rende conto che forse - ma solo forse - questi ratti sono responsabili dell'allontanamento di **tutti da Pamukkale** tanti anni fa. I ratti hanno preso il controllo di Pamukkale. Hasan è l'unico umano rimasto in città e non sa quanto potrà resistere ancora. Sta facendo del suo meglio per rimanere nascosto dai roditori, ma sembra che siano ovunque. Hanno distrutto tutti gli edifici e le case, lasciandosi dietro solo macerie. E Hasan sa che se lo trovano, uccideranno anche lui. Da settimane vive in un rifugio di fortuna, **sopravvivendo** a stento con il cibo che riesce a racimolare. È debole e affamato e sa che non passerà molto tempo prima che i topi trovino anche lui qui.

Anlama Soruları

1. Metnin ana fikri nedir?

2. Pamukkale'ye ne oldu?

3. Hasan kimdir?

4. Hasan Pamukkale'de ne yapıyor?

5. Neden herkes Pamukkale'yi terk etti?

6. Hasan terk edilmiş binada ne görüyor?

7. Pamukkale'de farelerin ne işi var?

8. Hasan ne kadar süredir sığınma evinde yaşıyor?

9. Hasan nasıl hayatta kalıyor?

10. Fareler Hasan'ı bulursa ona ne olacak?

Domande di comprensione

1. Qual è l'idea principale del testo?

2. Cosa è successo a Pamukkale?

3. Chi è Hasan?

4. Cosa fa Hasan a Pamukkale?

5. Perché tutti hanno lasciato Pamukkale?

6. Cosa vede Hasan nell'edificio abbandonato?

7. Cosa fanno i topi a Pamukkale?

8. Da quanto tempo Hasan vive nel suo rifugio?

9. Come fa Hasan a sopravvivere?

10. Cosa succederà ad Hasan se i topi lo trovano?

İzmir

İzmir bir zamanlar hayat ve enerji dolu, hareketli bir şehirdi. Ancak şimdi, eski halinin bir gölgesi. Sokaklar boş, dükkanlar tahtalarla kapatılmış ve duyulabilecek tek ses **terk edilmiş** binaların arasından ıslık çalarak geçen rüzgar. Sanki buradaki hayat emilmiş gibi. Ama İzmir'i hâlâ evi olarak gören bir **kişi var:** Aysel adında genç bir **kadın.** Aysel İzmir'de doğmuş ve başka bir ev tanımamış. Şehir gerilemeye başladığında bile ayrılmayı reddetti. İzmir'in potansiyeli olduğunu biliyor; sadece buna inanacak birine ihtiyacı var. Ve o kişi olmaya kararlı. Günlerini sokaklarda dolaşarak, çöpleri temizleyerek ve şehirde kalan az sayıdaki insanla konuşarak **geçiriyor.** Onlara İzmir'in geleceğine dair planlarını anlatıyor: sokakların yeniden hayatla dolduğu, **işletmelerin** geliştiği ve insanların burayı evleri olarak görmekten gurur duyduğu bir gelecek. Aysel yavaş ama emin adımlarla İzmir'e yeni bir hayat getirmeye **başlıyor.** Ve bir gün, kentinin yeniden gelişeceğini biliyor.

Aysel her gün yaptığı gibi İzmir sokaklarında dolaşıyordu. Her ne kadar düşüşte olsa da şehrini seviyordu. Ama ondan vazgeçmeyi **reddediyordu**; İzmir'in **potansiyeli olduğunu** biliyordu. Ve şehre yeni bir hayat getirecek kişi olmaya kararlıydı. Aysel yürürken

Smirne

Un tempo Smirne era una città vivace, piena di vita e di energia. Ma ora è l'ombra di se stessa. Le strade sono vuote, i negozi sono chiusi e l'unico suono che si sente è il vento che sibila tra gli edifici **abbandonati**. È come se la vita fosse stata risucchiata da questo posto. Ma c'è una **persona che** chiama ancora Izmir casa: una giovane **donna** di nome Aysel. Aysel è nata a Smirne e non ha mai conosciuto un'altra casa. Anche quando la città ha iniziato a declinare, si è rifiutata di andarsene. Sa che Izmir ha un potenziale, ha solo bisogno di qualcuno che ci creda. E lei è determinata a essere quella persona. **Passa le** sue giornate camminando per le strade, pulendo i rifiuti e parlando con le poche persone rimaste in città. Racconta loro i suoi progetti per il futuro di Smirne: un futuro in cui le strade siano di nuovo piene di vita, in cui le **imprese** prosperino e in cui le persone siano orgogliose di chiamare questo posto casa. Lentamente ma inesorabilmente, Aysel sta **iniziando a** riportare la vita a Smirne. E un giorno sa che la sua città tornerà a prosperare.

Aysel stava passeggiando per le strade di Smirne, come faceva ogni giorno. Amava la sua città, anche se era in uno stato di declino. Ma si **rifiutava di arrendersi**; sapeva che Smirne aveva un **potenziale**.

garip bir şey fark etti: Sokakta insanlar dolaşıyordu! Bu alışılmadık bir durumdu; normalde sokaklar bomboştu. İçlerinden birine yaklaştı ve neler olduğunu sordu. O kişi ona, birilerinin sokağın aşağısındaki **terk edilmiş** dükkanlardan birinde bedava yemek dağıttığına dair bir söylenti dolaştığını söyledi. Aysel onlara teşekkür etti ve gösterdikleri yöne doğru aceleyle ilerledi.

Dükkâna **vardığında** dışarıda uzun bir kuyruk oluştuğunu gördü. İlk başta bunun o kadar da iyi bir fikir olmadığını düşündü; herkese yetecek kadar yiyecek olmayacağı kesin miydi? Ama sonra **herkesin** ne kadar mutlu göründüğünü, bedava yemek için sıralarını beklerken birbirleriyle sohbet edip gülüştüklerini gördü. Şehrindeki yabancılar arasında böyle bir dostluk görmek kalbini ısıttı - uzun zamandır görülmemiş bir şeydi bu. Belki de İzmir'in ihtiyacı olan şey tam da budur, diye düşündü, insanların bir araya gelip birbirleriyle **bağlantı kurmaları** için daha fazla **fırsat.** Ücretsiz yemek dağıtımı büyük bir başarıydı ve İzmir şehrine yeni bir hayat getirdi. İnsanlar sokaklardaydı, birbirleriyle konuşuyor ve gülüyorlardı. **Atmosfer** elektrikliydi; havada bir umut duygusu vardı.

Ed era determinata a essere lei a riportare la vita in città. Mentre camminava, Aysel notò qualcosa di strano: c'erano persone che si aggiravano per strada! Era una cosa insolita: di solito le strade erano vuote. Si avvicinò a una di loro e chiese cosa stesse **succedendo**. La persona le disse che si era sparsa la voce che qualcuno stava distribuendo cibo gratis in uno dei negozi **abbandonati** in fondo alla strada. Aysel li ringraziò e si affrettò a seguire la direzione che le avevano indicato.

Arrivata al negozio, trovò una lunga fila già formata all'esterno. All'inizio pensò che forse non era una buona idea: non ci sarebbe stato abbastanza cibo per tutti? Ma poi vide come sembravano **tutti** felici, chiacchierando e ridendo tra loro mentre aspettavano il loro turno per avere del cibo gratis. Le scaldò il cuore vedere un tale cameratismo tra sconosciuti nella sua città, cosa che non si vedeva da tempo. Forse è proprio questo ciò di cui Izmir ha bisogno, ha pensato, più **opportunità** per le persone di incontrarsi e di **entrare in contatto** tra loro. La distribuzione gratuita di cibo è stata un grande successo e ha portato nuova vita nella città di Smirne. Le persone erano in strada, parlavano e ridevano tra loro. L'**atmosfera** era elettrica, c'era un senso di speranza nell'aria.

Anlama Soruları

1. Kahramanın adı nedir?

2. İzmir nerede yer almaktadır?

3. Aysel'in İzmir'de kalma motivasyonu neydi?

4. Aysel sokakta dolaşan insanları gördüğünde ne hissetti?

5. Ücretsiz yemek dağıtımı neden başarılı oldu?

6. Dünya Savaşı'ndan sonra atmosfer nasıl değişti? bedava yemek eşantiyonu?

7. Aysel İzmir'de neyin eksik olduğunu düşünüyordu?

8. Aysel şehrinin yeniden hayata dönmesi hakkında ne hissetti?

9. Sizce öykünün teması nedir?

10. Aysel'in görevinde başarılı olacağını düşünüyor musunuz? Neden ya da neden olmasın?

Domande di comprensione

1. Come si chiama il protagonista?

2. Dove si trova Izmir?

3. Qual era la motivazione che spingeva Aysel a rimanere a Smirne?

4. Come si è sentita Aysel quando ha visto la gente che si aggirava per strada?

5. Perché la distribuzione gratuita di cibo è stata un successo?

6. Come è cambiata l'atmosfera dopo il omaggio di cibo?

7. Secondo Aysel, cosa mancava a Smirne?

8. Come si è sentita Aysel quando la sua città è tornata in vita?

9. Quale pensi sia il tema della storia?

10. Pensate che Aysel avrà successo nella sua missione? Perché o perché no?

Antalya

Güneş Antalya şehrinin üzerinde batıyordu ve ışığın son huzmeleri antik kalıntıların üzerinde parlıyordu. Şehir bir zamanlar büyük bir **ticaret** merkeziydi ama şimdi eski halinin bir gölgesiydi. Ancak çöküş döneminde bile Antalya'nın hala belli bir cazibesi vardı. Gece çöktüğünde **sokaklar** ıssızlaştı ve binaların pencerelerinde sadece birkaç ışık görülebiliyordu. Sanki herkes erkenden yatmış gibiydi. Ancak henüz uyumaktan **memnun** olmayanlar da vardı.

Şehrin bir bölümünde, iki figür bir ara sokaktan çıktı ve ana caddelerden birine doğru ilerlemeye başladı. Sanki gitmeleri gereken bir yer varmış gibi hızlı ve amaçlı yürüyorlardı. Ve gerçekten de gidecekleri bir **yer vardı** - cadde boyunca sıralanmış terk edilmiş depolardan birine gireceklerdi.

John ve Jane olarak adlandıracağımız iki kişi bu soygunu haftalardır planlıyordu. Hedef yeri keşfetmişlerdi ve endişelenecekleri bir **güvenlik** görevlisi ya da kamera olmayacağını biliyorlardı. Dikkat etmeleri gereken tek şey yoldan geçenlerin onları görüp polise ihbar etmesiydi.

Ancak John ve Jane **profesyoneldi** ve bu gibi durumlarda kendilerini nasıl idare edeceklerini biliyorlardı. Hızla **deponun** kapısına doğru ilerlediler

Antalya

Il sole stava tramontando sulla città di Antalya e gli ultimi raggi di luce brillavano sulle antiche rovine. Un tempo la città era un grande centro di scambi e di **commercio**, ma ora era l'ombra di se stessa. Ma anche nel suo declino, Antalya aveva ancora un certo fascino. Al calar della notte, le **strade** divennero deserte e solo poche luci si potevano vedere alle finestre degli edifici. Era come se tutti fossero andati a letto presto. Ma c'era chi non si **accontentava di** dormire.

In una zona della città, due figure emersero da un vicolo e iniziarono a percorrere una delle strade principali. Camminavano velocemente e con decisione, come se dovessero andare da qualche parte. E in effetti avevano un **posto dove** andare: stavano per entrare in uno dei magazzini abbandonati che costeggiavano la strada.
I due personaggi, che chiameremo John e Jane, avevano pianificato il colpo per settimane. Avevano individuato il luogo dell'obiettivo e sapevano che non ci sarebbero state guardie **di sicurezza** o telecamere di cui preoccuparsi. L'unica cosa a cui dovevano prestare attenzione erano i passanti che avrebbero potuto vederli e denunciarli alla polizia.
Ma John e Jane erano **professionisti** e sapevano come comportarsi in queste situazioni. Si diressero

ve levyeyle kapıyı zorlayarak açtılar. İçeri girdiklerinde, aradıkları şeyi bulana kadar karanlıkta gezinmek için el fenerlerini kullandılar - değerli mallarla dolu bir sandık yığını.

Sırt çantalarına taşıyabilecekleri kadar **yük yüklemeye** başlamışlardı ki aniden deponun dışından sesler duydular. John ve Jane oldukları yerde donup kaldılar ve seslerin onları **depoya** girerken görmüş olabilecek birine ait olup olmadığını anlamak için dikkatle dinlediler. Ancak birkaç dakikalık sessizlikten sonra, dışarıdaki kişinin **depoya** gelmediği anlaşıldı. Bunun yerine, kapının hemen dışında birileri bir tür ekipman kuruyor gibiydi. "Bu insanlar dışarıda ne yapıyor?" diye fısıldadı Jane endişeyle. "Bilmiyorum ama onlar bizi bulmadan önce buradan çıkmamız gerek!" diye yanıtladı John aceleyle.

John ve Jane sandıkları toplamayı çabucak bitirip kapıya doğru ilerlediler. Ancak kapıyı açmaya çalıştıklarında, artık dışarıdan kilitli olduğunu gördüler. **Biri** onları içeri kapatmıştı! Kapana kısılmışlardı ve çıkış yolu yoktu. John ve Jane paniklemeye başladılar ama sonra deponun hemen **dışında** birinin megafonla konuştuğunu duydular.

rapidamente verso la porta **del magazzino** e la aprirono con un piede di porco. Una volta entrati, usarono le loro torce per orientarsi nell'oscurità fino a trovare ciò che stavano cercando: una pila di casse piene di merci preziose.

Cominciarono a **caricare i** loro zaini con tutto quello che potevano portare, quando improvvisamente sentirono delle voci fuori dal magazzino. John e Jane si bloccarono sul posto, ascoltando attentamente per capire se le voci appartenessero a qualcuno che avrebbe potuto vederli entrare nel **magazzino**. Ma dopo qualche istante di silenzio, fu chiaro che chiunque fosse fuori non stava entrando nel **magazzino**. Sembrava invece che qualcuno stesse montando un qualche tipo di attrezzatura appena fuori dalla porta. "Cosa stanno facendo quelle persone là fuori?", sussurrò Jane nervosamente. "Non lo so, ma dobbiamo uscire di qui prima che ci trovino!" rispose John con urgenza.

John e Jane finirono rapidamente di raccogliere le casse e tornarono alla porta. Ma quando cercarono di aprirla, scoprirono che era chiusa dall'esterno. **Qualcuno** li aveva chiusi dentro! Erano in trappola e non c'era modo di uscire. John e Jane iniziarono a farsi prendere dal panico, ma poi sentirono qualcuno che parlava con un megafono appena **fuori dal** magazzino.

Anlama Soruları

1. Antalya şehri nedir?

2. Antalya şehri bir zamanlar neyin büyük merkeziydi?

3. Antalya şehri şimdi eski halinin gölgesi midir?

4. Antalya şehri hala neye sahip?

5. Antalya şehrine geceleri ne olur?

6. Ara sokaktan kim çıktı?

7. İki figür ne yapıyordu?

8. John ve Jane neye dikkat etmek zorundaydı?

9. John ve Jane depoda ne buldular?

10. John ve Jane neden depoda mahsur kalmışlardı?

Domande di comprensione

1. Che cos'è la città di Antalya?

2. Di cosa si occupava un tempo la città di Antalya?

3. Che cos'è la città di Antalya, oggi un'ombra del suo passato?

4. Che cosa ha ancora la città di Antalya?

5. Cosa succede alla città di Antalya di notte?

6. Chi è uscito dal vicolo?

7. Cosa stavano facendo le due figure?

8. Da cosa dovevano stare attenti John e Jane?

9. Cosa hanno trovato John e Jane nel magazzino?

10. Perché John e Jane sono rimasti intrappolati nel magazzino?

Sahilde

Gün doğumundan sonra dalgalar daha gürültülüdür ve gelgitin üstündeki kum bembeyazdır. Denizi ve güneşi **hayranlıkla seyrederek** sahile doğru yürüyorum. Ayak parmaklarım deniz kabuklarının oluklarını hissediyor. Kum ayak parmaklarımda soğuk. Gülümsüyorum ve devam ediyorum. Gelgit yüksek, bu yüzden çekilmemek için dikkatli olmalıyım. Suyun kenarı boyunca yürüyorum, denize hayranlıkla bakıyorum. Gün doğumu çok **güzel** ve dalgalar çarpıyor. Kendimi çok huzurlu hissediyorum. Bir kaya çıkıntısının olduğu bir noktaya geliyorum. Oturup dalgaları izliyorum. Su çok mavi ve gökyüzü çok **turuncu**. Bir rüyadaymışım gibi hissediyorum. Gözlerimi kapatıyorum ve sadece dalgaları dinliyorum. Orada uzun süre oturdum, ta ki birinin adımı söylediğini duyana kadar.

Gözlerimi açıyorum ve annemin bana doğru yürüdüğünü görüyorum. Yüzünde endişeli bir ifade vardı. Gülümseyip el sallıyorum ve o da **rahatlıyor**. "Nereye gittiğini merak ediyordum," diyor. "Plajın tadını çıkarmana sevindim." "Öyleyim" diye cevap veriyorum. "Burası çok güzel." "Biliyorum," diyor. "Ben de senin yaşındayken hep buraya gelirdim." "Gerçekten mi?" diye soruyorum. "Evet," diye yanıtlıyor. "Burası özel bir yer." "Burada hiç özel biriyle tanıştın mı?" diye soruyorum.

In spiaggia

Dopo l'alba, le onde sono più forti e la sabbia sopra la marea è bianca. Cammino verso la spiaggia, **ammirando** il mare e il sole. Le mie dita dei piedi sentono i solchi delle conchiglie. La sabbia è fredda sulle dita dei piedi. Sorrido e continuo a camminare. La marea è alta, quindi devo fare attenzione a non farmi trascinare. Cammino lungo la riva, ammirando il mare. L'alba è **bellissima** e le onde si infrangono. Mi sento così in pace. Arrivo a un punto in cui c'è una roccia affiorante. Mi siedo e guardo le onde. L'acqua è così blu e il cielo è così **arancione**. Mi sembra di essere in un sogno. Chiudo gli occhi e ascolto le onde. Rimasi seduto lì per molto tempo, finché non sentii qualcuno che chiamava il mio nome.

Apro gli occhi e vedo mia madre che viene verso di me. Ha un'espressione preoccupata. Le sorrido e la saluto, e lei **si rilassa**. "Mi chiedevo dove fossi andata", dice. "Sono contenta che ti stia godendo la spiaggia". Io rispondo: "Lo sto facendo". "È così bello qui". "Lo so", dice. "Venivo sempre qui quando avevo la tua età". "Davvero?" Chiedo. "Sì", risponde. "È un posto speciale". "Hai mai incontrato qualcuno di speciale qui?". Le chiedo. "Sì", risponde sorridendo. "Tuo padre". "Davvero?" Dico, **sorpreso**. "Sì", dice

"Tanıştım," diye yanıtlıyor gülümseyerek. "Babanla." "Gerçekten mi?" **Şaşırarak** söylüyorum. "Evet," diyor. "Buraya her zaman birlikte gelirdik. Burası aşık olduğumuz yer. " Gülümsüyorum, annemle babamın bu güzel kumsalda aşık olduklarını **hayal ediyorum.** "Burası özel bir yer," diye tekrarlıyor. "Bugün buraya gelmenize sevindim."

Bir süre daha orada oturup dalgaları ve gün batımını **seyrediyoruz.** Sonra kalkıp plaj havlularımıza geri dönüyoruz. Uzanıyorum ve yıldızlara bakıyorum. Çok mutlu ve memnun hissediyorum. Dalgalar şimdi daha yüksek ve kum soğuk. Güneş batıyor ve serin bir meltem esiyor. Dalgalar kıyıya çarpıyor ve havada tuz kokusu var. Sahilde olmak için mükemmel bir akşam. Kıyı boyunca yürüyorum, dalgaların sesini **dinliyorum** ve gün batımını izliyorum. Kumların üzerinde oturmuş, gülüşen ve şakalaşan bir grup insan görüyorum. Harika vakit geçiriyor gibi görünüyorlar. Onlara doğru yürüyorum ve onlara katılıp katılamayacağımı soruyorum. Evet diyorlar ve gecenin geri kalanını konuşarak, gülerek ve **gün bat**ımını izleyerek geçiriyoruz. Mükemmel bir akşamdı. Grup ve ben güneş batana kadar konuştuk. Hikayeler ve şakalar paylaşıyoruz ve hepimiz harika vakit geçiriyoruz. Gece çökmeye başladığında hepimiz yorgun hissetmeye başlıyoruz. Birbirimize **veda** öpücüğü verip yollarımızı ayırıyoruz. Kendimi mutlu ve memnun hissederek otelime geri dönüyorum.

lei. “Venivamo sempre qui insieme. È qui che ci siamo innamorati. “Sorrido, **immaginando i** miei genitori che si innamorano su questa bellissima spiaggia. “È un posto speciale”, ripete. “Sono felice che siate venuti qui oggi”.

Rimaniamo seduti ancora per un po’ a **guardare** le onde e il tramonto. Poi ci alziamo e torniamo ai nostri teli da mare. Mi sdraio e guardo le stelle. Mi sento così felice e soddisfatta. Le onde ora sono più forti e la sabbia è fredda. Il sole sta tramontando e soffia una brezza fresca. Le onde si infrangono sulla riva e nell’aria si sente l’odore del sale. È una serata perfetta per stare in spiaggia. Cammino lungo la riva, **ascoltando** il suono delle onde e guardando il tramonto. Vedo un gruppo di persone sedute sulla sabbia che ridono e scherzano. Sembra che si stiano divertendo molto. Mi avvicino a loro e chiedo se posso unirmi a loro. Mi rispondono di sì e passiamo il resto della serata a parlare, ridere e guardare il **tramonto**. È una serata perfetta. Io e il gruppo parliamo fino al tramonto. Condividiamo storie e battute e ci divertiamo molto. Quando la notte inizia a calare, cominciamo tutti a sentirci stanchi. Ci **salutiamo** con un bacio e ci separiamo. Torno al mio hotel, felice e soddisfatta.

Anlama Soruları

1. Anlatıcı uyandıktan sonra nereye gidiyor?

2. Anlatıcı sahil boyunca yürürken neye hayranlık duyuyor?

3. Anlatıcı sahil boyunca yürürken nelere dikkat etmek zorundadır?

4. Anlatıcı manzaranın tadını çıkarmak için nereye oturuyor?

5. Anlatıcı orada ne kadar oturuyor?

6. Anlatıcı gözlerini tekrar açtığında kimi görüyor?

7. Anlatıcının annesi ne diyor?

8. Anlatıcı ve tanıştığı insanlar ne hakkında konuşuyorlar?

Domande di comprensione

1. Dove va la narratrice dopo essersi svegliata?

2. Che cosa ammira la narratrice mentre cammina lungo la spiaggia?

3. A che cosa deve fare attenzione la narratrice mentre cammina lungo la spiaggia?

4. Dove si siede il narratore per godersi il panorama?

5. Per quanto tempo il narratore rimane seduto lì?

6. Chi vede la narratrice quando riapre gli occhi?

7. Cosa dice la madre del narratore?

8. Di che cosa parlano il narratore e le persone che incontra?

Gölde Kamp Yapmak

Manzaranın huzuruna **hayran kalarak** göle doğru yürüyorum. Güneş küçük gölün üzerine vuruyor ve suyun camdan bir tabaka gibi görünmesine neden oluyor. Tek hareket, ara sıra yüzeye çıkan bir balığın **yarattığı** dalgalanma. Kuşlar bile sıcağa ara vermiş gibi görünüyor, sadece ağustos böceklerinin sesi havayı dolduruyor. **Aniden,** huzur yüksek sesli bir sıçrama ile bozulur. Büyük bir **balık** sudan fırlamış, bir yusufçuğu yakalamaya çalışmaktadır. Balık hedefini ıskalıyor ve bir sıçramayla suya geri düşüyor. "Vay canına," diye düşünüyorum kendi kendime, "bu büyük bir balıktı!" Başka gören var mı diye etrafa bakındım ama etrafta kimse yoktu. Sanırım kampa döndüğümde onlara söylemem gerekecek.

Sıcak **bunaltıcı,** nefes almayı zorlaştırıyor. Hava, etrafınızı saran bir battaniye gibi kalın ve ağır. Tek rahatlama suda. Sıcak bir günde soğuk bir içecek gibi serin ve ferahlatıcıdır. Derin bir nefes alıyorum ve suya dalıyorum. Serin su beni çevrelediğinde rahatlıyorum. Dibe doğru yüzüyorum ve sonra suyun vücudumu serinlettiğini hissederek tekrar yüzeye çıkıyorum. Sıcaktan kurtulmanın keyfini çıkararak turlar **atmaya** devam ediyorum. Bir süre sonra sudan çıkıp çimlere uzanıyorum ve güneşin vücudumu kurutmasına izin

Campeggio al lago

Cammino verso il lago, **ammirando** la tranquillità della scena. Il sole batte sul piccolo lago, facendo sembrare l'acqua una lastra di vetro. L'unico movimento è l'increspatura occasionale di un pesce **che rompe** la superficie. Anche gli uccelli sembrano prendersi una pausa dal caldo, con il solo suono delle cicale che riempie l'aria. **All'improvviso**, la pace è rotta da un forte tonfo. Un grosso **pesce** è saltato fuori dall'acqua, cercando di catturare una libellula. Il pesce manca il bersaglio e ricade in acqua con un tonfo. "Wow", penso tra me e me, "quello era un pesce grosso!". Mi guardai intorno per vedere se qualcun altro l'avesse visto, ma non c'era nessuno. Immagino che dovrò raccontarlo quando tornerò al campo.

Il caldo è **opprimente** e rende difficile respirare. L'aria è densa e pesante, come una coperta che ti avvolge. L'unico sollievo è l'acqua. È fresca e rinfrescante, come una bibita fresca in una giornata calda. Faccio un respiro profondo e mi immergo nell'acqua. Il sollievo è immediato quando l'acqua fresca mi circonda. Nuoto fino al fondo e poi risalgo in superficie, sentendo l'acqua rinfrescare il mio corpo. Continuo a **nuotare** a vasche, godendomi la tregua dal caldo. Dopo un po' esco dall'acqua e mi sdraio sull'erba, lasciando

veriyorum. Gözlerimi kapatıp uykuya dalıyorum, **ağustos böceklerinin** sesi beni derin bir uykuya daldırıyor. Güneşin tenimdeki suyu pişirmesine izin veriyorum. Cildimin kızardığını hissedebiliyorum ama umurumda değil. Umursamayacak kadar sıcaktım. Bir de baktım ki güneş batıyor. Gökyüzü pembe ve mor çizgileriyle güzel bir turuncuya bürünmüştü. Sıcak gitmiş, yerini serin bir **esinti almıştı**.

Kalkıp giysilerimi giyiyorum, kendimi yenilenmiş ve gençleşmiş hissediyorum. Serin havadan derin bir **nefes alıyorum** ve gülümsüyorum. Hayatta olmak iyi hissettiriyor. Renklerin gökyüzünde dans edişini hayranlıkla izleyerek kamp alanına geri dönüyorum. Uzakta yanan kamp ateşini görebiliyorum ve havadaki dumanın kokusunu alabiliyorum. Gülümsüyorum ve adımlarımı **hızlandırıyorum.** Rahatlamaya ve akşamımın geri kalanının tadını çıkarmaya hazırım. Kamp alanına giriyorum ve herkesin ateşin etrafında toplandığını görüyorum. **Gülüp** şakalaşıyorlar ve ateşin gözlerine yansıdığını görebiliyorum. Gülümsüyorum ve arkadaşlarımın yanına oturuyorum. Geri dönmek çok güzel. Ertesi sabah erkenden uyanıyorum ve eşyalarımı toplamaya başlıyorum. Patikaya geri dönmek ve yolculuğuma devam etmek için sabırsızlanıyorum. Arkadaşlarıma veda ediyorum ve uzaklaşmaya başlıyorum. Yürürken **kamp alanına** son bir kez bakıyorum. Uzakta hâlâ yanan ateşi görebiliyorum ve havadaki dumanın kokusunu alabiliyorum.

che il sole asciughi il mio corpo. Chiudo gli occhi e mi addormento, mentre il suono delle **cicale** mi culla in un sonno profondo. Lascio che il sole scrosti l'acqua dalla mia pelle. Sento la pelle arrossarsi, ma non mi importa. Sono troppo accaldato per preoccuparmene. Il cielo è di un bellissimo arancione, con striature di rosa e viola. Il caldo è scomparso, sostituito da una fresca **brezza**.

Mi alzo e mi rivesto, sentendomi rinfrescata e ringiovanita. **Respiro** profondamente l'aria fresca e sorrido. È bello essere vivi. Torno al campeggio, ammirando il modo in cui i colori danzano nel cielo. Vedo il fuoco che arde in lontananza e sento l'odore del fumo nell'aria. Sorrido e **accelero il** passo. Sono pronto a rilassarmi e a godermi il resto della serata. Entro nel campeggio e vedo che tutti sono riuniti intorno al fuoco. **Ridono** e scherzano e posso vedere il fuoco riflesso nei loro occhi. Sorrido e mi siedo accanto ai miei amici. È bello essere tornati. La mattina dopo mi sveglio presto e comincio a raccogliere le mie cose. Sono impaziente di riprendere il cammino e continuare il mio viaggio. Saluto i miei amici e mi incammino. Mentre cammino, do un'ultima occhiata al **campeggio**. Vedo il fuoco ancora acceso in lontananza e sento l'odore del fumo nell'aria. Sorrido e accelero il passo. Sono pronto a continuare il mio **viaggio**.

Anlama Soruları

1. Yürüyen nereye gidiyor?

2. Nasıl bir hava var?

3. Su neye benziyor?

4. Yürüteç sıcağa nasıl tepki veriyor?

5. Balık ne yapıyor?

6. Yürüteç neden yalnız?

7. Su nasıl bir his veriyor?

8. Yürüteç yüzdükten sonra nasıl hissediyor?

9. Yürüteç günün hangi saatinde uyanıyor?

10. Walker kamptan ayrıldığında nereye gidiyor?

Domande di comprensione

1. Dove sta andando il camminatore?

2. Che tempo fa?

3. Che aspetto ha l'acqua?

4. Come reagisce il deambulatore al calore?

5. Cosa sta facendo il pesce?

6. Perché il camminatore è solo?

7. Come si sente l'acqua?

8. Come si sente il camminatore dopo il nuoto?

9. A che ora del giorno si sveglia il deambulatore?

10. Dove va l'ambulante quando lascia il campo?

Ev

Geçen hafta yeni evime taşındım ve çok **heyecanlıyım**! Eski evimden çok daha büyük ve büyük bir arka bahçesi var. Barbekü ve partiler için arkadaşlarımı ağırlamak için sabırsızlanıyorum. **En sevdiğim** bölüm yeni yatak odam. Çok büyük ve aydınlık ve tüm eşyalarımı koyacak çok yerim var. Yeni evimden gerçekten çok memnunum ve burada çok mutlu olacağımı düşünüyorum. Evi biraz daha keşfetmeye karar verdim. İkinci kata çıktım ve mutfağa doğru ilerlemeye başladım ki duvarda büyük siyah bir örümcek gördüm! Çığlık attım ve aşağıya koştum. Çok **korkmuştum**! Ama birkaç dakika sonra sakinleştim ve yukarı çıkmaya karar verdim. Yavaşça mutfağa doğru ilerledim ve örümceğin gitmiş olduğunu gördüm. Çok rahatlamıştım! Tekrar aşağı indim ve **arka bahçeyi** keşfetmek için dışarı çıkmaya karar verdim. Çok büyüktü! İnanamadım. Köşede bir salıncak seti ve bir kaydırak gördüm. Ayrıca bir basketbol filesi ve bir **trambolin gördüm**. Çok heyecanlanmıştım!

Tüm bu yeni şeyleri kullanmak için sabırsızlanıyorum. **Komşular** geldi ve kendilerini tanıttılar. Gerçekten iyi görünüyorlardı ve bir süre konuştuk. Gelecek hafta sonu beni barbekü partilerine davet ettiler, ben de seve seve geleceğimi söyledim. Yeni evimde

La casa

La settimana scorsa mi sono trasferita nella mia nuova casa e sono così **entusiasta**! È molto più grande di quella vecchia e ha un grande cortile. Non vedo l'ora di invitare gli amici per grigliate e feste. La mia parte **preferita** è la mia nuova camera da letto. È così grande e luminosa e ho molto spazio per mettere tutte le mie cose. Sono molto contenta della mia nuova casa e penso che sarò molto felice qui. Ho deciso di esplorare ancora un po' la casa. Sono salita al secondo piano e ho iniziato a dirigermi verso la cucina quando ho visto un grosso ragno nero sul muro! Ho urlato e sono corsa di sotto. Ero così **spaventata**! Ma dopo qualche minuto mi sono calmata e ho deciso di tornare di sopra. Mi sono avvicinata lentamente alla cucina e ho visto che il ragno non c'era più. Ero così sollevata! Tornai al piano di sotto e decisi di uscire per esplorare il **giardino**. Era così grande! Non potevo crederci. Vidi un'altalena in un angolo e uno scivolo. Vidi anche una rete da basket e un **trampolino**. Ero così eccitato!

Non vedo l'ora di usare tutto questo nuovo materiale. I **vicini sono** venuti e si sono presentati. Sembravano molto gentili e abbiamo parlato per un po'. Mi hanno invitato al loro barbecue il prossimo fine settimana e ho detto che mi sarebbe piaciuto venire. La prima

harika bir ilk hafta geçirdim ve önümdeki tüm yeni maceralar için heyecanlıyım. Bugün yine arka bahçede keşfe çıkacağım ve başka neler bulabileceğime bakacağım. Kim bilir, belki bir **hazine** bile bulurum. Önümüzdeki haftanın neler getireceğini görmek için sabırsızlanıyorum! Bir sonraki hafta yine arka bahçede keşfe çıktım ve **gizli** bir bahçe buldum. Çok güzeldi! Her yerde çiçekler ve içinde balıklar olan küçük bir gölet vardı. Ayrıca daha önce görmediğim bir salıncak seti de gördüm. Bu gizli bahçeyi bulduğum için çok heyecanlıydım ve daha fazla keşfetmek için sabırsızlanıyorum. Çok **güzeldi**!

Her yerde çiçekler ve içinde balıklar olan küçük bir gölet vardı. Ayrıca daha önce görmediğim bir **salıncak** seti de gördüm. Bu gizli bahçeyi bulduğum için çok heyecanlıydım ve daha fazla keşfetmek için sabırsızlanıyorum. Yeni odamı da çok sevdim. Çok büyük ve aydınlıktı ve duvarlarda en sevdiğim grupların posterleri vardı. Kendi **mobilyalarımı** getirmeme bile gerek kalmadı çünkü burada zaten bir yatak, şifonyer ve çalışma masası vardı. Bu şimdiye kadarki en iyi yıl olacak! Yeni bir **okula** başlayacağım için biraz gergindim ama yeni komşularımın hepsi çok arkadaş canlısıydı. Hatta yan komşum olan bir kızla tanıştım ve ilk günümde benimle birlikte okula yürüyeceğini söyledi. Yeni evimi çok seviyorum ve hayatımın bu yeni bölümüne başlayacağım için çok heyecanlıyım! Yarın harika olacak!

settimana nella mia nuova casa è stata fantastica e sono entusiasta di tutte le nuove avventure che mi aspettano. Oggi andrò di nuovo a esplorare il cortile per vedere cos'altro riesco a trovare. Chissà, forse troverò anche un **tesoro**. Non vedo l'ora di vedere cosa mi porterà la prossima settimana! La settimana successiva sono andata di nuovo in esplorazione nel cortile e ho trovato un giardino **segreto**. Era così bello! C'erano fiori dappertutto e un laghetto con i pesci. Ho visto anche un'altalena che non avevo mai visto prima. Ero così entusiasta di aver trovato questo giardino segreto e non vedo l'ora di esplorarlo ancora. Era così **bello**!

C'erano fiori dappertutto e un laghetto con dei pesci. Ho anche visto un'**altalena** che non avevo mai visto prima. Ero così entusiasta di aver trovato questo giardino segreto e non vedo l'ora di esplorarlo meglio. Mi è piaciuta molto anche la mia nuova stanza. Era così grande e luminosa e sulle pareti c'erano già i poster delle mie band preferite. Non ho nemmeno dovuto portare i miei **mobili**, perché c'erano già un letto, una cassettiera e una scrivania. Questo sarà l'anno migliore di sempre! Ero un po' nervosa all'idea di iniziare una nuova **scuola**, ma tutti i miei nuovi vicini sono stati così amichevoli. Ho persino conosciuto una ragazza che abita nella casa accanto e ha detto che verrà a scuola con me il primo giorno. Adoro la mia nuova casa e sono così entusiasta di iniziare questo nuovo capitolo della mia vita! Domani sarà fantastico!

Anlama Soruları

1. Kişi nerede yaşıyor?

2. Kişi yeni evini nasıl buluyor?

3. Kişinin yeni evinin en sevdiği kısmı nedir?

4. Kişi bahçede ne buldu?

5. Komşular kimlerdir?

6. Kişinin yeni evindeki ilk günleri nasıldı?

7. Kişinin yeni odasının en sevdiği kısmı nedir?

8. Kişi yarın ne yapmayı planlıyor?

9. Kişinin yeni evindeki ilk haftasının en iyi yanı neydi?

10. Kişinin yeni odasındaki her şey nedir?

Domande di comprensione

1. Dove vive la persona?

2. Come si trova la persona nella nuova casa?

3. Qual è la parte preferita della nuova casa?

4. Che cosa ha trovato la persona nel giardino?

5. Chi sono i vicini?

6. Come sono stati i primi giorni nella nuova casa?

7. Qual è la parte preferita della nuova stanza?

8. Che cosa ha intenzione di fare domani?

9. Qual è stata la parte migliore della prima settimana nella nuova casa?

10. Che cosa c'è nella nuova stanza della persona?

Trende

Tren istasyonuna koştum ama çok geç kalmıştım. Tren çoktan bensiz gitmişti. Kendimi çok **kızgın** ve **hayal kırıklığına uğramış** hissettim. Taşrada yaşayan büyükannem ve büyükbabamı ziyaret etmek için trene binmeyi planlıyordum ama şimdi bir sonraki tren için tam bir saat beklemem gerekecekti. Bunun yerine bir süre şehirde dolaşmaya karar verdim ve kaçırdığım fırsatı unutmaya çalıştım. Yürürken, **trenlerin** sizi götürebileceği tüm yerler hakkında **hayaller kurmaya** başladım. Birdenbire artık o kadar da üzgün değildim. İstasyona geri döndüm ve bana doğru ilerleyen büyük kırmızı, beyaz ve mavi lokomotifi fark etmeden edemedim. Pencereden bana el sallayan **kondüktörü** görene kadar bu trenin benim için olduğunu fark etmedim. Trene binip koltuğuma oturuyorum ve uzun bir yolculuk için hazırlanıyorum.

İstasyondan çıkarken, bu trenin beni nereye götüreceğini merak etmekten kendimi alamıyorum. Yeşil **tarlaların** arasından, mavi nehirlerin üzerinden, dağların ve vadilerin yanından geçen bu eski trenin nereye gideceği belli değil. Gece çökmeye başladığında, aşağıdaki rayların üzerindeki vagonların **ritmik** hareketiyle **huzurlu bir** uykuya dalıyorum. Sabah olduğunda, gözlerimi açtığımda hiçliğin ortasında bir

Sul treno

Corsi alla stazione ferroviaria, ma ero troppo in ritardo. Il treno era già partito senza di me. Mi sentivo così **arrabbiata** e **delusa** con me stessa. Avevo intenzione di prendere il treno per andare a trovare i miei nonni che vivono in campagna, ma ora avrei dovuto aspettare un'ora intera per il treno successivo. Decisi invece di passeggiare un po' per la città, cercando di dimenticare l'occasione persa. Mentre camminavo, ho iniziato a **sognare a occhi aperti** tutti i luoghi in cui il **treno** può portarti. Improvvisamente, non ero più così arrabbiata. Rientro in stazione e non posso fare a meno di notare la grande locomotiva rossa, bianca e blu che si dirige verso di me. Solo quando vedo il **capotreno che** mi saluta dal finestrino capisco che quel treno è per me. Salgo sul treno e trovo il mio posto, sistemandomi per quello che si preannuncia un lungo viaggio.

Mentre usciamo dalla stazione, non posso fare a meno di chiedermi dove mi porterà questo treno. Attraverso **campi** verdi e fiumi blu, passando per montagne e valli, non si sa dove andrà questo vecchio treno. Quando inizia a calare la notte, mi addormento in un sonno **tranquillo**, cullato dal movimento **ritmico** dei vagoni sui binari sottostanti. Quando arriva il mattino, apro gli occhi e scopro che siamo arrivati in una piccola città

yerde küçük bir kasabaya vardığımızı görüyorum. Yerliler Ana Cadde'de dolaşmaya başladığında güneş ufukta belirmeye başlıyor; bir şey dışında burası herhangi bir gün gibi görünüyor - Belediye Binası'nın yanında "Gemiye hoş geldiniz!" yazan büyük bir tabela asılı. Görünüşe göre bu küçük kasaba bizi bekliyormuş, her ne kadar başka bir yere giden sıradan bir **yolcu** treni olsak da. Kasabayı bir kez daha arkamızda bırakıp kim bilir nereye doğru yol alırken, **tarlaların** arasında yuvalanmış küçük evlerden el sallayan tüm dost yüzlere gülümsüyorum; görünüşte sıradan olan bir şeyin sadece geçerken bile bu kadar neşe getirebilmesi gerçekten şaşırtıcı. Ve tabii bir de **çocuklar var**.

Lokomotifimin penceresinden dışarı uzanıyorum. Parlayan gözleri ve kocaman sırıtışlarıyla beni her zaman çok mutlu ediyorlar. **Kabinime** dönüp oturmadan önce onlara enerjik bir şekilde el salladım. Şimdiden uzun bir gün oldu ama henüz bitmedi; son varış noktamıza ulaşmamıza daha birkaç saat **var**. Kitabımı çıkarıp okumaya başladım ve trenin ritmik sallanışının beni huzurlu bir hale sokmasına izin verdim. Arada bir kafamı kaldırıp dışarıdan geçen manzaraya bakıyorum; ne kadar çok görürsem göreyim asla eskimiyor. Sonunda gece çökmeye başlıyor ve uzakta **parıldayan** ışıklar belirmeye başlıyor; artık yaklaşıyoruz.

nel bel mezzo del nulla. Il sole fa appena capolino all'orizzonte, mentre la gente del posto inizia a girare per la Main Street; sembra un giorno come un altro, tranne che per una cosa: c'è un grande cartello affisso vicino al municipio che recita "Benvenuti a bordo!". Sembra che questa piccola città ci stesse aspettando, anche se siamo solo un normale treno **passeggeri** di passaggio sulla nostra strada. Mentre ci lasciamo ancora una volta la città alle spalle, andando verso chissà dove, sorrido a tutte le facce amichevoli che ci salutano da quelle casette incastonate tra i **campi coltivati:** è davvero incredibile come qualcosa di così apparentemente ordinario possa portare tanta gioia semplicemente passando di lì. E poi, naturalmente, ci sono i **bambini**.

Mi affaccio al finestrino della mia locomotiva. Mi fanno sempre sentire così felice con i loro occhi lucidi e i loro grandi sorrisi. Li saluto energicamente prima di tornare nella mia **cabina** e sedermi. È stata già una lunga giornata, ma non è ancora finita; mancano ancora alcune ore per raggiungere la nostra **destinazione** finale. Tiro fuori il mio libro e inizio a leggere, lasciando che il dondolio ritmico del treno mi culli in uno stato di pace. Di tanto in tanto alzo lo sguardo verso il paesaggio che passa fuori: non diventa mai vecchio, anche se lo vedo tante volte. Alla fine inizia a calare la notte e le luci **scintillanti** cominciano ad apparire in lontananza; ci stiamo avvicinando.

Anlama Soruları

1. Tren nereye gidiyor?

2. Trende kim seyahat ediyor?

3. Tren ne zaman kalkıyor?

4. Kahraman trene nasıl biniyor?

5. Tren nereden geliyor?

6. Tren şimdi nereye gidiyor?

7. Yolcular ne zaman geldi?

8. Treni kaçırdığında kahraman nasıl hissediyor?

9. Tren makinisti kahramanı gördüğünde nasıl tepki veriyor?

10. Kahraman neden trenleri seviyor?

Domande di comprensione

1. Dove va il treno?

2. Chi viaggia sul treno?

3. Quando parte il treno?

4. Come fa il protagonista a salire sul treno?

5. Da dove viene il treno?

6. Dove è diretto il treno?

7. Quando sono arrivati i passeggeri?

8. Come si sente il protagonista quando perde il treno?

9. Come reagisce il macchinista quando vede il protagonista?

10. Perché al protagonista piacciono i treni?

Akşam Yemeği Pişirme

Şu anda saat 17:00 ve işten eve yürüyorum. Evde eşimle birlikte sakin bir akşam geçirmeyi **dört gözle** bekliyorum. Birlikte akşam yemeği pişireceğiz ve sonra gecenin geri kalanında dinleneceğiz. Bu **akşam** herhangi bir planım ya da zorunluluğum olmadığını bilmek iyi hissettiriyor. Eve vardığımda eşim çoktan mutfağa girmiş, akşam yemeğimizi hazırlamaya başlamıştı. Burası **harika** kokuyor! Yemek pişirirken sohbet ediyoruz, birbirimizin günlerini yakalıyoruz ve iş hayatlarımızdan küçük hikayeler paylaşıyoruz. Mutfak dairemizdeki en sevdiğim oda. Yemek yapmayı seviyorum ve özellikle de ortağımla yemek yapmayı seviyorum. Burada her zaman çok iyi vakit geçiriyoruz, fırtına gibi yemek pişirirken gülüyor ve şakalaşıyoruz. Ayrıca, **birlikte** çalıştığımızda yemekler her zaman **inanılmaz oluyor**.

Bu akşam, tüm zamanların en sevdiğim tariflerinden birini yapıyoruz: Parmesanlı **tavuk.** Ben **ocakta** sosu kaynatırken ortağım tavuğu ekmekle kaplıyor. İyi yağlanmış bir makine gibi birlikte çalışıyoruz ve çok geçmeden akşam yemeği servise hazır hale geliyor. Parmesanlı tavuk, makarna ve salatayla dolu **tabaklarla** küçük mutfak masamıza oturuyoruz. Bardakları

Cucinare la cena

Sono le 17.00 e sto tornando a casa dal lavoro. Non vedo l'**ora** di passare una serata tranquilla a casa con il mio compagno. Cucineremo insieme la cena e poi ci rilasseremo per il resto della serata. È bello sapere che questa **sera non ho** programmi o obblighi. Arrivo a casa e il mio partner è già in cucina a preparare la cena. C'è un profumo **fantastico** qui dentro! Chiacchieriamo mentre cuciniamo, raccontandoci le nostre giornate e condividendo piccole storie della nostra vita lavorativa. La cucina è la mia stanza preferita del nostro appartamento. Adoro cucinare e soprattutto adoro farlo con il mio compagno. Ci divertiamo sempre molto qui dentro, ridendo e scherzando mentre cuciniamo. Inoltre, il cibo è sempre **incredibile** quando lavoriamo **insieme**.

Stasera prepariamo una delle mie ricette preferite di sempre: il **pollo** alla parmigiana. Il mio collega inizia a impanare il pollo, mentre io faccio cuocere la salsa sul **fuoco**. Lavoriamo insieme come una macchina ben oliata e in poco tempo la cena è pronta da servire. Ci sediamo al tavolo della nostra cucina con i **piatti** colmi di pollo alla parmigiana, pasta e insalata. Facciamo tintinnare i bicchieri e assaggiamo il primo boccone... ed è **paradisiaco**! Il pollo è croccante

tokuşturuyoruz ve ilk **lokmamızı** alıyoruz - ve bu harika! Tavuğun dışı çıtır çıtır ama içi sulu; sos lezzetli ve mükemmel; makarna al dente pişmiş... bu akşam her şeyin tadı kesinlikle mükemmel. İkimiz de bunun, lezzetli yemeğimizin son lokmasının **tadını çıkarırken her** şeyin mükemmel bir şekilde bir araya geldiği o gecelerden biri olduğunu biliyoruz. Tadı kokusundan bile daha güzeldi - ki bu oldukça iyiydi! İkimiz de bugün özellikle aç olmadığımız için yemeğimizi nispeten hızlı bir şekilde bitiriyoruz, ancak birkaç **kadeh** şarabın daha tadını çıkarırken bu ve bu konu hakkında hafifçe sohbet ediyoruz. Yemekten sonra birlikte hızlıca temizlenip oturma odasına geçiyoruz ve burada televizyon izlerken kanepeye **sarılıp** biraz vakit geçiriyoruz.

Uzun bir **çalışma** gününün ardından birbirimize yakın olmak çok güzel bir duygu. Kendimi mutlu hissediyorum. Her ne kadar hareketli bir akşam geçirmemiş olsak da, evden çıkmak zorunda kalmadan birlikte vakit geçirmek güzeldi. Bir film izledik ve basit gecemizden **memnun** hissederek erkenden yattık. Bu, dışarı çıkmak istemediğimiz gecelerde yapmayı en **sevdiğimiz** şeylerden biri haline geldi - sadece evde dinlenmek ve ev yapımı bir yemek eşliğinde birbirimizin arkadaşlığının tadını çıkarmak. Uzun bir günün ardından buraya dönebileceğimizi ve sadece kendimiz olabileceğimizi bilmek her zaman güzel.

all'esterno ma succoso all'interno; il sugo è saporito e perfetto; la pasta è cotta al dente... tutto ha un sapore assolutamente perfetto stasera. Sappiamo entrambi che questa è stata una di quelle sere in cui tutto si è unito alla perfezione, mentre **assaporiamo** fino all'ultimo boccone il nostro delizioso pasto. Il sapore era persino migliore del profumo, che era dannatamente buono! Finiamo il pasto relativamente in fretta, visto che oggi nessuno dei due ha particolarmente fame, ma ci prendiamo tutto il tempo necessario per goderci qualche altro **bicchiere di** vino chiacchierando con leggerezza di questo e quell'argomento. Dopo cena, puliamo velocemente insieme e poi ci spostiamo in salotto, dove passiamo un po' di tempo **a coccolarci** sul divano guardando la TV.

È così bello stare vicini dopo una lunga giornata di **lavoro**. Mi sento soddisfatta. Anche se non abbiamo avuto una serata movimentata, è stato bello passare un po' di tempo insieme senza dover uscire di casa. Abbiamo guardato un film e siamo andati a letto presto, sentendoci **soddisfatti** della nostra semplice serata. Questa è diventata una delle cose che **preferiamo** fare nelle sere in cui non vogliamo uscire: rilassarci a casa e goderci la reciproca compagnia con un pasto fatto in casa. È sempre bello sapere che possiamo tornare qui dopo una lunga giornata ed essere semplicemente noi stessi.

Anlama Soruları

1. Anlatıcı nereden geliyor?

2. Anlatıcı işten sonra ne yapıyor?

3. Anlatıcı akşam yemeğinde ne yiyor?

4. Anlatıcı mutfağı neden seviyor?

5. Çift ne tür bir yemek pişiriyor?

6. Anlatıcı gecenin sonunda nasıl hissediyor?

7. Çiftin yapmayı en sevdiği şey nedir?

8. Çift yorulduğunda ne yapıyor?

9. Nerede uyuyorlar?

10. Anlatıcı neden evde kalmayı seviyor?

Domande di comprensione

1. Da dove viene il narratore?

2. Cosa fa il narratore dopo il lavoro?

3. Cosa mangia il narratore per cena?

4. Perché al narratore piace la cucina?

5. Che tipo di piatto cucina la coppia?

6. Come si sente il narratore alla fine della serata?

7. Qual è la cosa che la coppia preferisce fare?

8. Cosa fa la coppia quando è stanca?

9. Dove dormono?

10. Perché al narratore piace stare a casa?

Yürüyen Ev

İşten eve yürürken **huzurlu** bir geceydi. Yürürken, anılara gülümsemekten kendimi alamadım. Eski mahalleme geri dönmek iyi hissettiriyordu. Tanıdığım birkaç kişiye el salladım, onlar da bana el salladı. Evde olmak güzeldi. Eski okulumun önünden geçtim ve arkadaşlarımla geçirdiğim tüm güzel zamanları **hatırladım.** Eve hep birlikte yürür ve günümüz hakkında konuşurduk. **Bazen** durup dondurma alır ya da parka giderdik. Bunlar en güzel zamanlardı. O zamanları özlüyorum. Ama şimdi kendi ailem var ve hayatımdan memnunum. O anılara dönüp bakabildiğim ve gülümseyebildiğim için mutluyum. Onlar hayatımın her zaman değer vereceğim bir parçası. En güzel zamanlardı. O zamanları özlüyorum. Ama şimdi kendi ailem var ve hayatımdan memnunum. O **anılara dönüp** bakabildiğim ve gülümseyebildiğim için mutluyum. Onlar hayatımın her zaman değer vereceğim bir parçası.

Arkadaşlarımla geçirdiğim güzel zamanları düşünerek yürümeye devam ediyorum. Onları yakında tekrar göreceğimi biliyorum. Evime doğru ilerliyorum ve yakınlardaki bir parkta yürümeye karar veriyorum. Güneş batıyor ve gökyüzü **güzel bir** turuncu renge dönüşüyor. Ağaçlarda cıvıldayan birkaç kuş

Camminare verso casa

Era una notte **tranquilla** mentre tornavo a casa dal lavoro. Mentre camminavo, non potevo fare a meno di sorridere ai ricordi. Era bello tornare nel mio vecchio quartiere. Salutai alcune persone che conoscevo e loro ricambiarono il saluto. Era bello essere a casa. Passai davanti alla mia vecchia scuola e **ricordai** tutti i bei momenti passati con i miei amici. Tornavamo sempre a casa insieme e parlavamo della nostra giornata. **A volte ci** fermavamo a prendere un gelato o andavamo al parco. Erano i momenti migliori. Mi mancano quei momenti. Ma ora ho la mia famiglia e sono felice della mia vita. Sono felice di poter guardare indietro a quei ricordi e sorridere. Sono una parte della mia vita che conserverò per sempre. Erano i tempi migliori. Mi mancano quei tempi. Ma ora ho la mia famiglia e sono felice della mia vita. Sono felice di poter guardare indietro a quei **ricordi** e sorridere. Sono una parte della mia vita che conserverò per sempre.

Continuo a camminare, pensando ai bei momenti passati con i miei amici. So che li rivedrò presto. Mi dirigo verso casa e decido di passeggiare in un parco lì vicino. Il sole sta tramontando e il cielo sta diventando di un **bel** colore arancione. Il parco è vuoto, a parte

dışında park bomboş. Derin bir **nefes** alıyorum ve gülümsüyorum. Parkta yürürken gökyüzünde kayan bir yıldız görüyorum. O yıldız için bir dilek tuttum ve yürümeye devam ettim. İşteki günümü ve ne kadar **huzurlu** olduğunu düşünüyorum. Böyle harika bir işe sahip olduğum için ne kadar şanslı olduğumu düşünerek kendi kendime gülümsüyorum. Eve doğru yürürken serin gece havasını tenimde **hissediyorum.** Kendimi çok canlı ve mutlu hissediyorum, huzurlu bir gecede eve yürümek gibi basit bir eylemin tadını çıkarıyorum.
Kendimi çok iyi hissettim, **ıslık çalmaya** başladım. Sokakta birkaç kişinin yanından geçtim ama hepsi kendi işlerine bakıyordu.

Sokağımın köşesini döndüğümde komşumun kedisi Bay Whiskers'ın verandamda oturduğunu gördüm. Ona merhaba dedim ve o da bana miyavlayarak karşılık verdi. Kapımın **kilidini açtım** ve içeri girdim. Evde olduğum için çok mutluydum. Ayakkabılarımı çıkardım ve yatmak için hazırlandım. O gece yatağa mutlu ve minnettar bir şekilde, kalbim sevgiyle dolu olarak girdim. Gece boyunca mışıl mışıl uyudum, hiçbir şey için endişelenmedim. Dinlendirici bir uykudan uyandım ve penceremden içeri giren güneş beni **karşıladı.** Yataktan kalktım ve gerindim, derin bir nefes aldım ve serin havanın ciğerlerime dolduğunu hissettim. Pencereme doğru yürüdüm ve kuşların cıvıltısını ve **sincapların** oyununu duyarak dışarı baktım.

qualche uccello che cinguetta tra gli alberi. Faccio un **respiro** profondo e sorrido. Mentre cammino nel parco, vedo una stella cadente che attraversa il cielo. Esprimo un desiderio su quella stella e continuo a camminare. Penso alla mia giornata di lavoro e a quanto sia stata **tranquilla**. Sorrido tra me e me, pensando a quanto sono fortunata ad avere un lavoro così bello. Cammino verso casa, **sentendo** l'aria fresca della notte sulla mia pelle. Mi sento così viva e felice, godendomi il semplice atto di tornare a casa in una notte tranquilla.
Mi sentivo così bene che iniziai a **fischiettare**. Passai accanto ad alcune persone per strada, ma tutte si facevano gli affari loro.

Svoltato l'angolo della mia strada, vidi il gatto del mio vicino, Mr. Whiskers, seduto sul mio portico. Lo salutai e lui ricambiò il miagolio. **Aprii la** porta ed entrai.
Ero così felice di essere a casa. Mi tolsi le scarpe e mi preparai per andare a letto. Quella sera andai a letto felice e grata, con il cuore pieno d'amore. Dormii profondamente per tutta la notte, senza preoccuparmi di nulla. Mi svegliai da un sonno ristoratore e fui **accolta** dal sole che entrava dalla finestra. Mi alzai dal letto e mi stiracchiai, facendo un respiro profondo e sentendo l'aria fresca riempirmi i polmoni. Mi avvicinai alla finestra e guardai fuori, sentendo gli uccelli cinguettare e gli **scoiattoli** giocare.

Anlama Soruları

1. Hikaye başladığında baş kahraman ne yapıyordu?

2. Kahraman eve yürürken ne düşünüyordu?

3. Kahraman okuldan sonra arkadaşlarıyla ne yapardı?

4. Kahraman o zamanlarla ilgili neleri özlüyor?

5. Kahraman mevcut yaşamı hakkında ne düşünüyor?

6. Kayan bir yıldız gördüklerinde kahraman ne yapar?

7. Kahraman eve yürürken nasıl hissediyor?

8. Kahraman eve döndüğünde ne yapıyor?

9. Ertesi sabah uyandıklarında kahraman nasıl hissediyor?

10. Kahraman ertesi gün ne yapıyor?

Domande di comprensione

1. Cosa stava facendo il protagonista quando è iniziata la storia?

2. A cosa pensava il protagonista mentre tornava a casa?

3. Cosa faceva il protagonista con gli amici dopo la scuola?

4. Cosa manca al protagonista di quei tempi?

5. Cosa pensa il protagonista della sua vita attuale?

6. Cosa fa il protagonista quando vede una stella cadente?

7. Come si sente il protagonista quando torna a casa?

8. Cosa fa il protagonista quando torna a casa?

9. Come si sente il protagonista quando si sveglia la mattina dopo?

10. Cosa fa il protagonista il giorno dopo?

Kale

Aile her zaman **Almanya'**daki eski bir kaleyi ziyaret etmek istemiş ve sonunda bu yolculuğa çıkmışlar. **Hayal kırıklığına** uğramadılar. Şato çok güzeldi ve birçok odasını ve koridorunu keşfetmekten keyif aldılar. Onları etkileyen ilk şey kokuydu. **Küf, rutubet ve tam olarak ne olduğunu anlayamadıkları** başka bir şey buldular. İkinci şey ise sesti. Taş duvarlar kalındır ama sesi tamamen kesmezler. Her ayak sesini, normal bir sesle söylenen her kelimeyi ve uzaklarda bir **yerlerde** ara sıra duyulan su damlasını duydular. Gözleri loş ışığa alıştığında, etraflarında devasa taş duvarların yükseldiğini, duvar halılarının parçalanmış bir şekilde sarktığını gördüler. Oyma sütunlarla desteklenen yüksek tavanlı büyük bir salonda duruyorlardı. Kulelerden görünen manzaraya da bayıldılar ve çocuklar arazide koşturarak harika vakit geçirdiler. Kaleyi keşfetmeyi bitirdiklerinde **güneş** batmaya başlamıştı ve bir el **feneri** getirmedikleri için pişman oldular. Girişe geri dönmeye karar verdiler, ancak kısa süre sonra kendilerini kaybolmuş buldular. Saatler gibi gelen bir süre boyunca etrafta dolaştılar ve sonunda dışarı açılan bir kapıya rastladılar. Koridorun sonuna **ulaşana** kadar devam ettiler ve heybetli bir çift kapıya geldiler. Ne kadar deneseler de kapılar yerinden kımıldamadı. **Uğursuzca** takırdıyor ama bir milim bile

Il castello

La famiglia aveva sempre desiderato visitare un antico castello in **Germania** e finalmente ha intrapreso il viaggio. Non sono rimasti **delusi**. Il castello era bellissimo e si sono divertiti a esplorare le sue stanze e i suoi corridoi. La prima cosa che li colpì fu l'odore. Trovarono **muffa**, umidità e qualcos'altro che non riuscirono a definire con precisione. La seconda cosa è stata il suono. I muri di pietra sono spessi, ma non attutiscono completamente il suono. Sentirono ogni passo, ogni parola pronunciata con voce normale e l'occasionale gocciolio dell'acqua **da qualche parte** in lontananza. Quando i loro occhi si adattarono alla luce fioca, videro le massicce mura di pietra che incombevano intorno a loro, con gli arazzi appesi a **brandelli**. Si trovavano in un'enorme sala con un alto soffitto sostenuto da pilastri scolpiti. Anche a loro piaceva molto la vista che si godeva dalle torrette e i bambini si divertivano un mondo a correre per il parco. Quando finirono di esplorare il castello, il **sole** era già tramontato e si pentirono di non aver portato una **torcia**. Decisero di tornare all'ingresso, ma si persero subito. Vagarono per ore e ore, finché alla fine trovarono una porta che conduceva all'esterno. Proseguirono fino **alla** fine del corridoio e si trovarono davanti a un'imponente serie di doppie porte. Per

kıpırdamıyorlardı. Görünüşe göre daha önce burada olan her kimse buradan geçmiş ve kapıları içeriden kilitlemiş olmalıydı. Sonunda bir çıkış yolu buldular. Serin gece havasına adım attıklarında içlerini bir rahatlama kapladı.

Güneş batmaya başlamıştı ve bir el feneri getirmedikleri için **pişman oldular.** Girişe geri dönmeye karar verdiler ama kısa süre sonra kendilerini kaybolmuş buldular. Saatler gibi gelen bir süre boyunca etrafta dolaştılar ve sonunda **dışarı** açılan bir kapıya rastladılar. Serin gece havasına adım attıklarında içlerini bir rahatlama kapladı. Ertesi akşam kalenin geri kalanını keşfederken yanlarına bir el feneri almayı ihmal etmediler. **Avludan** geçip **kale** duvarlarının arkasından akan nehre doğru yürüdüler. Etrafta dolaşırken garip sesler duymaya başladılar. Sanki biri onları takip ediyormuş gibiydi. Adımlarını hızlandırdılar ama sesler daha da yükseldi ve yaklaştı. Aile olabildiğince hızlı bir şekilde kaleye geri koşmuş ve **karanlık** pelerinli figürün onları takip etmediğini görünce rahatlamışlar.

quanto potessero, le porte non si muovevano. Scricchiolano **minacciosamente**, ma non si muovono di un millimetro. Sembrava che chiunque fosse stato qui prima dovesse essere passato di qui e averle chiuse dall'interno. Alla fine trovano una via d'uscita. Il sollievo li invade mentre escono nell'aria fresca della notte.

Il sole aveva iniziato a tramontare e si **pentirono di non aver** portato una torcia elettrica. Decisero di tornare all'ingresso, ma presto si persero. Vagarono per ore e ore, finché alla fine trovarono una porta che conduceva all'**esterno**. Il sollievo li colse quando uscirono nell'aria fresca della notte. La sera successiva si assicurarono di portare con sé una torcia per esplorare il resto del castello. Attraversarono il **cortile** e scesero fino al fiume che scorreva dietro le mura del **castello**. Mentre camminavano, cominciarono a sentire strani rumori. Sembrava che qualcuno li stesse seguendo. Accelerarono il passo, ma i rumori diventavano sempre più forti e vicini. La famiglia tornò al castello il più velocemente possibile e si accorse con sollievo che la figura con il mantello **scuro** non li aveva seguiti.

Anlama Soruları

1. Aile kalede kaybolduğunda ne yaptı?

2. Aile, ölenin sadece yerel bir adam olduğunu öğrendiğinde ne hissetti?

3. Adam ne yaptı da tutuklandı?

4. Adam için verilen ceza neydi?

5. Aile yürürken hangi gürültüyü duydu?

6. Aile onu gördüğünde karanlık pelerinli figür neredeydi?

7. Aile odalarına döndüklerinde ne yaptılar?

8. Aile kaleyi tekrar ne zaman keşfetmeye gitti?

9. Ailenin bir türlü anlam veremediği şey neydi?

10. Aile kaleyi tekrar keşfe çıkmadan önce ne yaptı?

Domande di comprensione

1. Cosa fece la famiglia quando si perse nel castello?

2. Come si è sentita la famiglia quando ha scoperto che si trattava solo di un uomo del posto?

3. Che cosa ha fatto l'uomo che lo ha fatto arrestare?

4. Qual è stata la sentenza per l'uomo?

5. Quale rumore ha sentito la famiglia mentre camminava?

6. Dov'era la figura con il mantello scuro quando la famiglia lo vide?

7. Che cosa ha fatto la famiglia quando è tornata nella sua stanza?

8. Quando la famiglia è tornata a esplorare il castello?

9. Qual era la cosa che la famiglia non riusciva a capire?

10. Cosa fece la famiglia prima di tornare a esplorare il castello?

Benim Bahçem

Bahçem benim mutlu yerim. Yağmur çamur demeden her gün oraya gider ve bitkilerimle ilgilenerek vakit geçiririm. **Her şeyden** biraz **var-sebzeler,** meyveler, çiçekler, otlar. Hatta zararlıları uzak tutmaya yardımcı olan birkaç tavuğum bile var. Bahçedeki günlerime tavuklardan yumurta toplayarak başlıyorum. Sonra sebzelerimi kontrol ediyorum, yeterince su ve güneş aldıklarından emin oluyorum. Yatakları ayıklıyorum ve bitkilere **saldırabilecek** böcekleri ayıklıyorum. **Her şey halledildikten** sonra arkama yaslanıp doğanın huzur ve sessizliğinin tadını çıkarıyorum.

Bahçemde vakit geçirmeyi her zaman sevmişimdir. Doğayla ve doğanın sunduğu tüm **güzelliklerle** çevrili olmanın getirdiği bir şey var. Burayı çok huzurlu ve sakinleştirici bir yer olarak görüyorum. Sık sık bahçemde sadece dinlenerek ve manzaranın tadını çıkararak vakit geçiriyorum. Ayrıca bahçemde çalışmaktan ve bir şeyler yetiştirmekten de keyif alıyorum. Oldukça büyük bir bahçem var ve içinde çeşitli **farklı** şeyler yetiştirmeyi seviyorum. Çiçek, **sebze** ve ot yetiştiriyorum. Ayrıca lezzetli elmalar, armutlar ve erikler üreten birkaç meyve ağacım var. Bir şeyler yetiştirmenin yanı sıra, bahçemde dolaşarak ve bahçemi evi olarak gören farklı bitki ve hayvanlara

Il mio giardino

Il mio giardino è il mio luogo felice. Esco ogni giorno, con la pioggia o con il sole, e passo il tempo a curare le mie piante. Ho un po' di **tutto: verdure**, frutta, fiori, erbe aromatiche. Ho anche alcune galline che mi aiutano a tenere lontani i parassiti. Inizio le mie giornate in giardino raccogliendo le uova dalle galline. Poi controllo le verdure, assicurandomi che ricevano acqua e sole a sufficienza. Diserbo le aiuole e rimuovo gli insetti che potrebbero **attaccare** le piante. Una volta sistemato **tutto**, mi siedo e mi godo la pace e la tranquillità della natura.

Ho sempre amato trascorrere del tempo nel mio giardino. C'è qualcosa nell'essere circondati dalla natura e da tutta la **bellezza che** ha da offrire. Trovo che sia un luogo molto tranquillo e rilassante. Spesso trascorro il tempo nel mio giardino rilassandomi e godendomi il paesaggio. Mi piace anche lavorare nel mio giardino e coltivare. Ho un giardino di buone dimensioni e mi piace coltivare **diverse** cose. Coltivo fiori, **verdure** ed erbe aromatiche. Ho anche alcuni alberi da frutto che producono mele, pere e prugne deliziose. Oltre a coltivare, mi piace anche passare il tempo passeggiando nel mio giardino, **ammirando** tutte le piante e gli animali che lo abitano. Negli anni

hayranlıkla bakarak vakit geçirmekten de keyif alıyorum. **Bahçemi** sadece güzel değil aynı zamanda işlevsel bir yer haline getirmek için yıllar boyunca saatlerce çalıştım. Etrafta uçuşan kuşları izlemeyi ve şarkılarını dinlemeyi seviyorum. Hatta bazen bir kitap çıkarıyorum ve bahçede, yarattığım tüm bu güzelliklerle çevriliyken kitap okuyorum. **Bahçecilik** benim tutkum ve bana çok keyif veriyor. Bahçemde geçirdiğim her gün güzel bir gün.

Yapmayı sevdiğim şeylerden biri yemek pişirmek, bu nedenle iyi stoklanmış bir bitki bahçesine sahip olmak benim için çok **önemli.** Kekik, fesleğen, kekik, biberiye, adaçayı ve lavanta bahçemde yetiştirmeyi sevdiğim bitkilerden sadece birkaçı, böylece kendim veya **misafirlerim için** yemek pişirirken bunları kullanabiliyorum. Bahçem söz konusu olduğunda benim için önemli olan bir diğer şey de bahçemin her yerinde bol miktarda renk olmasını sağlamak. Bu amaca ulaşmak için **güller,** zambaklar, papatyalar, laleler, impatienler, kadife çiçekleri gibi çok çeşitli çiçekler yetiştiriyorum. Çiçeklerle renk katmanın yanı sıra, bahçe boyunca farklı **dokular** kullanarak ilgi çekmeyi de seviyorum. Örneğin, yüksek ayçiçeklerinin altına eğrelti otları veya dikenli süs otlarının **yanına** hostalar ekebilirim. Hayatta başka ne olursa olsun, bahçemde çalışmak her zaman kendimi doğaya daha bağlı ve kendimle daha barışık hissetmeme yardımcı oluyor.

ho trascorso molte ore a lavorare per rendere il mio **giardino** un luogo non solo bello ma anche funzionale. Mi piace osservare gli uccelli che svolazzano in giro e ascoltarli cantare. A volte tiro fuori un libro e leggo in giardino, circondata da tutta la bellezza che ho creato. Il **giardinaggio** è la mia passione e mi porta tanta gioia. Ogni giorno nel mio giardino è un buon giorno.

Una delle cose che amo fare è cucinare, quindi avere un giardino di erbe aromatiche ben fornito è molto **importante** per me. Timo, basilico, origano, rosmarino, salvia e lavanda sono solo alcune delle erbe che mi piace coltivare nel mio giardino per poterle usare quando cucino per me o per gli **ospiti**. Un'altra cosa importante per me quando si tratta del mio giardino è assicurarmi che ci sia molto colore in tutto il giardino. Per raggiungere questo obiettivo, coltivo una grande varietà di fiori, tra cui **rose**, gigli, margherite, tulipani, impatiens, calendule, ecc. Oltre ad aggiungere colore con i fiori, mi piace anche aggiungere interesse utilizzando diverse **texture** in tutto il giardino. Per esempio, potrei piantare felci sotto imponenti girasoli o hosta **accanto a** spigolose erbe ornamentali. Indipendentemente da ciò che accade nella vita, lavorare nel mio giardino **riesce** sempre a farmi sentire più connessa con la natura e in pace con me stessa.

Anlama Soruları

1. Yazarın bahçesi nerede?

2. Yazarın kaç tavuğu var?

3. Yazar her gün bahçede ne yapıyor?

4. Yazar bahçeyi neden seviyor?

5. Yazar bahçeye hangi bitkileri ekiyor?

6. Bahçesinde birçok renk olması yazar için neden önemlidir?

7. Yazar bahçesine nasıl çeşitlilik getiriyor?

8. Yazar bahçesinde çalışırken kendini nasıl hissediyor?

9. Bahçesindeyken yazarın kendini bağlı hissetmesini sağlayan şey nedir?

10. Yazarın bahçesindeki her gün neden güzel bir gündür?

Domande di comprensione

1. Dove si trova il giardino dell'autore?

2. Quanti polli ha l'autore?

3. Che cosa fa l'autore in giardino ogni giorno?

4. Perché all'autore piace il giardino?

5. Quali sono le erbe che l'autore pianta nel giardino?

6. Perché è importante per l'autore che ci siano molti colori nel suo giardino?

7. Come fa l'autore a dare varietà al suo giardino?

8. Come si sente l'autore quando lavora nel suo giardino?

9. Cosa fa sentire l'autore in sintonia quando è nel suo giardino?

10. Perché ogni giorno nel giardino dell'autore è un buon giorno?

Alışverişe Gitmek

Alışveriş merkezine gitmeyi seviyorum. Etrafta dolaşmak ve tüm farklı mağazalara bakmak her zaman çok eğlencelidir. Alışveriş merkezinde herkes için bir şeyler var ve kıyafet, ayakkabı ve aksesuarlarda fırsat bulmak için her zaman harika bir yer. Alışveriş gezime **genellikle** alışveriş merkezinin ana **girişinden** yürüyerek başlıyorum. Oradan ilk olarak favori mağazalarıma yöneliyorum. Bu mağazalara baktıktan sonra etrafta dolaşır ve başka yerlerde indirim olup olmadığına bakarım. Alışveriş yapmadan önce genellikle alışveriş merkezinde birkaç saat geçiririm. Alışveriş yaparken her zaman acele etmemeyi severim **çünkü tam olarak** istediğim şeyi aldığımdan emin olmak isterim. Ayrıca, bu şekilde daha eğlenceli oluyor!

Alışveriş merkezindeyken insanları izlemeyi her zaman çok **etkileyici** bulmuşumdur. Alışveriş yapma şekillerine bakarak bir insan hakkında gerçekten çok şey söyleyebilirsiniz. Bazı insanlar çok metodik ve acele etmiyorlar, bazıları ise ellerine **ne geçerse alıp** mümkün olduğunca hızlı bir şekilde kasaya yöneliyorlar. Ayrıca, herhangi bir ürüne bakmaktan çok cep telefonlarıyla konuşmak veya mesajlaşmakla ilgilenen alışverişçiler de var! Ne tür bir alışverişçi olursanız olun, aslında bir şey satın almasanız bile herkes vitrin alışverişinden

Fare shopping

Mi piace andare **a fare shopping al** centro commerciale. È sempre molto divertente passeggiare e guardare tutti i diversi negozi. Al centro commerciale ce n'è per tutti i gusti ed è sempre un ottimo posto per trovare offerte su vestiti, scarpe e accessori. **Di solito** inizio il mio shopping attraversando l'**ingresso** principale del centro commerciale. Da lì, mi dirigo prima verso i miei negozi preferiti. Dopo aver dato un'occhiata a quei negozi, vado in giro a vedere se ci sono saldi in corso in altri posti. Di solito trascorro un paio d'ore nel centro commerciale prima di fare i miei acquisti. Mi piace sempre prendermi il tempo necessario per fare shopping**, perché** voglio essere sicura di acquistare **esattamente** ciò che voglio. In più, così è più divertente!

Trovo sempre molto **affascinante** osservare le persone mentre sono al centro commerciale. Si può capire molto di una persona dal modo in cui fa acquisti. Alcune persone sono molto metodiche e si prendono il loro tempo, mentre altre sembrano prendere **tutto quello che** possono e dirigersi alla cassa il più velocemente possibile. Ci sono anche quelli che sembrano più interessati a parlare al cellulare o a mandare messaggi piuttosto che guardare la merce! A prescindere dal tipo

keyif alıyor gibi görünüyor. **Vitrinlerdeki** tüm o güzel şeylere bakmanın beni mutlu eden bir yanı var. Bazen gördüğüm **her şeyi alabilseydim** nasıl olurdu diye hayal kuruyorum! Sonuç olarak, alışveriş merkezinde bir gün geçirmek en sevdiğim eğlencelerden biri. Rahatlamak ve gevşemek için harika bir yol, aynı zamanda biraz da egzersiz yapmış oluyorsunuz (eğer yeterince dolaşırsanız). Ayrıca, arada sırada kendinize yeni bir gömlek ya da ayakkabı almak **her zaman** güzeldir!

İş yerinde **uzun bir** gün geçirdim ve nihayet kendime biraz zaman ayırabildim, bu yüzden alışveriş merkezine gitmeye karar verdim. **Önümüzdeki** sezon için yeni kıyafetlere ihtiyacım vardı. İçeri girer girmez tüm parlak ışıkları ve parlak vitrinleri gördüm. Önce en sevdiğim mağazaya yöneldim ve raflara göz atmaya başladım. Birkaç sevimli üst buldum ve onları soyunma odasında denedim. Aynada kendime bakarken yanımdaki soyunma odasına birinin girdiğini duydum. Sesini iş arkadaşlarımdan biri olarak tanıdım. Merhaba dedik ve iş hakkında sohbet etmeye başladık. Birkaç dakika sonra ikimiz de işimizi bitirip **kendi** yollarımıza gittik, ancak daha sonra tekrar karşılaştık. Sohbet etmeye devam ettik ve düşündüğümüzden daha fazla ortak noktamız olduğunu fark ettik.

di acquirente, però, sembra che a tutti piaccia guardare le vetrine, anche se non si compra nulla. C'è qualcosa che mi rende felice nel guardare tutte le belle cose nelle **vetrine** dei negozi. A volte fantastico su come sarebbe se potessi permettermi **tutto quello che** vedo! Tutto sommato, trascorrere una giornata di shopping al centro commerciale è uno dei miei passatempi preferiti. È un ottimo modo per rilassarsi e distendersi, facendo anche un po' di esercizio fisico (se si cammina abbastanza). Inoltre, è **sempre** bello concedersi una camicia o un paio di scarpe nuove ogni tanto!

Ho avuto una **lunga** giornata di lavoro e finalmente avevo un po' di tempo per me, così ho deciso di andare a fare shopping al centro commerciale. Mi servivano dei vestiti nuovi per la **prossima** stagione. Appena sono entrata, ho visto tutte le luci e le vetrine scintillanti. Mi sono diretta prima al mio negozio preferito e ho iniziato a sfogliare gli scaffali. Ho trovato alcuni top carini e li ho provati nel camerino. Mentre mi guardavo allo specchio, sentii qualcuno entrare nel **camerino** accanto al mio. Ho riconosciuto la sua voce come quella di una mia collega. Ci siamo salutati e abbiamo iniziato a chiacchierare di lavoro. Dopo qualche minuto, entrambi abbiamo finito e siamo andati per la **nostra** strada, ma ci siamo incontrati di nuovo più tardi. Abbiamo continuato a chiacchierare e ci siamo resi conto di avere in comune più di quanto pensassimo.

Anlama Soruları

1. En çok nerede depolamayı seviyorsunuz?

2. Alışveriş merkezindeki favori mağazanız hangisi?

3. Alışveriş merkezinde genellikle ne kadar kalırsınız?

4. Alışveriş merkezinde çok zaman geçiren insanlar hakkında ne düşünüyorsunuz?

5. Alışveriş merkezinde yapmayı en çok sevdiğiniz şey nedir?

6. Hiç gerçekten ihtiyacınız olmadığı halde alışveriş merkezinden bir şey satın aldınız mı?

7. Alışveriş merkezinde gerçekten hoşunuza gidecek bir şey gördüğünüzde ama çok pahalı olduğunda nasıl tepki verirsiniz?

8. Hiç alışveriş merkezinde bir şey görüp kimin alacağını merak ettiniz mi?

9. Alışveriş merkezinde mağazalara bakmak yerine cep telefonlarıyla meşgul olan insanlar hakkında ne düşünüyorsunuz?

Domande di comprensione

1. Dove vi piace di più conservare?

2. Qual è il vostro negozio preferito nel centro commerciale?

3. Quanto tempo si ferma di solito al centro commerciale?

4. Cosa pensa delle persone che trascorrono molto tempo al centro commerciale?

5. Qual è la cosa che preferite fare al centro commerciale?

6. Avete mai comprato qualcosa al centro commerciale quando non ne avevate davvero bisogno?

7. Come reagite quando al centro commerciale vedete qualcosa che vi piacerebbe molto, ma che costa troppo?

8. Avete mai visto qualcosa al centro commerciale e vi siete chiesti chi lo avrebbe comprato?

9. Qual è la sua opinione sulle persone che al centro commerciale sono impegnate con il cellulare invece di guardare i negozi?

Pazarda

Cumartesi sabahı erkenden kalkıyorum, çok kalabalık olmadan **pazara gitmeye** hevesliyim. Üzerime bir şeyler giyip kapıdan çıkıyorum ve yolda yeniden kullanılabilir çantalarımı alıyorum. Yürürken, önümüzdeki hafta için ne yapmak istediğimi planlamaya başlıyorum. En az bir kez sebze **kızartmak** istediğimi biliyorum, bu yüzden kaliteli sebzeler almam gerekecek. Ayrıca bir çorba ya da güveç yapmak istiyorum, bu yüzden biraz et de almam gerekecek. Oraya gittiğimde nelerin iyi göründüğüne bakmam gerekecek. Pazar sadece birkaç blok ötede ve şimdiden kurulan tezgahları ve etrafta dolaşan **insanları** görebiliyorum.

Pazara varıyorum ve doğruca sebze standına gidiyorum. Seçim çok güzel ve çantalarımı çeşitli **taze** ürünlerle dolduruyorum. Çiftçiyle biraz sohbet ediyorum ve bana bazı tarifler öneriyor. Onları denemek için heyecanlıyım. Alışveriş yaparken **çiftçilerle** sohbet ediyor, onları ve ürünlerini tanıyorum. İhtiyacım olan tüm sebzeleri aldıktan sonra et reyonuna geçiyorum. Ne almak istediğimden emin olmadığım için burada biraz daha tereddütlüyüm. Sonunda çok yönlü olduğu ve çeşitli yemeklerde kullanılabildiği için tavukta karar kılıyorum. Ayrıca otla beslenen sığır eti ve serbest gezen **tavuk** almaya dikkat ederek birkaç farklı et

Al mercato

Mi sveglio presto il sabato mattina, desiderosa di andare al **mercato** prima che sia troppo affollato. Mi infilo i vestiti e mi avvio verso la porta, prendendo le mie borse riutilizzabili. Mentre cammino, inizio a pianificare quello che voglio fare per la settimana a venire. So che voglio **arrostire le** verdure almeno una volta, quindi dovrò comprare delle verdure di buona qualità. Voglio anche fare una zuppa o uno stufato, quindi dovrò comprare anche della carne. Dovrò vedere cosa c'è di buono quando arriverò lì. Il mercato è a pochi isolati di distanza e vedo già le bancarelle allestite e la **gente** che vi si aggira.

Arrivo al mercato e mi dirigo subito verso il banco delle verdure. La scelta è bellissima e riempio le mie borse con una grande varietà di prodotti **freschi**. Parlo un po' con il contadino e mi consiglia alcune ricette. Non vedo l'ora di provarle. Mentre faccio la spesa, chiacchiero con i **contadini** per conoscere meglio loro e i loro prodotti. Dopo aver preso tutte le verdure che mi servono, passo al reparto carne. Qui sono un po' più titubante, perché non sono sicuro di quello che voglio prendere. Alla fine scelgo il pollo, perché è versatile e può essere utilizzato in diversi piatti. Compro anche alcuni tagli di carne diversi, assicurandomi di prendere

parçası satın alıyorum. Kasap dost canlısı bir adamdı, uzun saatler çalışmasına rağmen her zaman neşeliydi. Hafta sonu planları hakkında benimle sohbet etmeden önce tavuk göğsümü ve bifteğimi paketledi. Ona veda ettim ve yoluma devam ettim. Süt ürünleri reyonundan da biraz yumurta ve peynir aldım.

Pazar insanlarla dolup taşıyordu, hepsi de sunulan taze ürün ve etlerden almak için sabırsızlanıyordu. Havaya sarımsak ve soğan kokusu sinmiş, kahkaha ve sohbet sesleri havayı doldurmuştu. Kalabalığın arasından geçerek haftalık alışverişim için ihtiyacım olan diğer ürünleri seçtim. Kasaya gitmeden önce **sepetimi** meyve ve sebze, makarna ve ekmekle doldurdum. Kuyruk uzundu ama çabuk ilerledi. Nihayet son alışveriş **de yapılmıştı** ve eve gitme vakti gelmişti. Araba yüklendi ve eve dönüş yolu uzun ve sıkıcıydı. Trafik yoğun ve sıcak bunaltıcıydı. Sonunda araba garaj yoluna girdi ve rahatlama hissediliyordu. Ev serin ve sessizdi ve pazarın koşuşturmacasından sonra bir sığınak gibiydi. Her şey kaldırılmıştı ve ev kısa süre içinde her zamanki huzur ve sessizliğine geri dönmüştü. Kendim ve ailem için **lezzetli** yemekler yapmak için ihtiyacım olan her şeye sahiptim. Evde olmak güzeldi.

carne di manzo nutrita con erba e **pollo** allevato all'aperto. Il macellaio era un uomo cordiale, sempre allegro nonostante le lunghe ore di lavoro. Mi ha incartato i petti di pollo e la bistecca prima di parlarmi dei suoi programmi per il fine settimana. Lo salutai e proseguii per la mia strada. Ho preso anche delle uova e del formaggio dal reparto latticini.

Il mercato era pieno di gente, tutti desiderosi di mettere le **mani sui** prodotti freschi e sulla carne che venivano offerti. Nell'aria si sentiva l'odore dell'aglio e delle cipolle, e il suono delle risate e delle conversazioni riempiva l'aria. Mi feci strada tra la folla, scegliendo gli altri articoli necessari per la mia spesa settimanale. Riempii il mio **cestino** di frutta e verdura, pasta e pane, prima di dirigermi alla cassa. La fila era lunga, ma si snodava rapidamente. Finalmente gli ultimi acquisti furono fatti ed era ora di tornare a casa. L'auto fu caricata e il viaggio verso casa fu lungo e noioso. Il traffico era intenso e il caldo opprimente. Alla fine l'auto entrò nel vialetto e il sollievo fu palpabile. La casa era fresca e silenziosa ed era un rifugio dopo il **trambusto** del mercato. Tutto fu messo a posto e la casa tornò presto alla sua solita pace e tranquillità. Avevo tutto il necessario per preparare dei piatti **deliziosi** per me e per la mia famiglia. Era bello essere a casa.

Anlama Soruları

1. Kişi nereye gidiyor?

2. Kişi ne satın almak istiyor?

3. Kişinin kaç çantası var?

4. Pazar ne kadar uzakta?

5. Kişi şu anda ne yapıyor?

6. Piyasadaki her şey nedir?

7. Pazarda kaç kişi var?

8. Kişinin her şeyi satın alması ne kadar sürdü?

9. Kişi evine nasıl gitti?

10. Kişi eve gittiğinde ne yaptı?

Domande di comprensione

1. Dove sta andando la persona?

2. Cosa vuole comprare la persona?

3. Quante borse ha la persona?

4. Quanto è lontano il mercato?

5. Cosa sta facendo la persona in questo momento?

6. Che cos'è il mercato?

7. Quante persone ci sono nel mercato?

8. Quanto tempo ha impiegato la persona a comprare tutto?

9. Come è tornata a casa la persona?

10. Cosa ha fatto la persona quando è tornata a casa?

Bir Kafede

Serin bir **sonbahar** sabahıydı ve arkadaşım Lily ile en sevdiğimiz kafede buluşup bir kahve içmek için sözleşmiştik. Paltomu ve atkımı sımsıkı sarındım ve yola koyuldum. Ağaçlardan yapraklar dökülüyordu ve havada bir ısırık vardı ama güneş parlıyordu ve güzel bir gün olacağa benziyordu. Yürürken Lily gibi bir arkadaşa sahip olmanın ne kadar iyi olduğunu **düşündüm. Üniversitede** tanıştığımızdan beri yıllardır arkadaştık. Kahve sevgimiz ve kafelerde sohbet ederek vakit geçirmemiz sayesinde birbirimize bağlanmıştık. Artık şehrin farklı yerlerinde yaşıyor olsak da haftada bir kahve içmek için buluşmayı başarıyorduk. Kafeye vardığımda Lily çoktan orada beni bekliyordu. Birbirimize sarılıp selamlaştık ve ardından kahvelerimizi sipariş ettik. Pencere kenarında bir masa bulduk ve sohbet etmek için yerleştik. **Kahve** her zamanki gibi çok lezzetliydi ve Lily ile hasret gidermek çok güzeldi. Haftamız, işlerimiz ve gelecek planlarımız hakkında konuştuk. Lily ile konuşmak her zaman çok kolaydı ve ona her şeyi anlatabileceğimi hissediyordum. Bir süre sonra acıkmaya başladık ve yemek sipariş etmeye **karar verdik.**

Yemeğimizi **sipariş** ettik ve cam kenarında bir koltuk bulduk. Güneş pencereden içeri giriyor, her şeyi

In un caffè

Era una fredda mattina **d'autunno** e avevo fissato un appuntamento con la mia amica Lily al nostro bar preferito per un caffè. Mi avvolsi al caldo nel cappotto e nella sciarpa e mi avviai. Le foglie cadevano dagli alberi e l'aria era pungente, ma il sole splendeva e prometteva di essere una bella giornata. Mentre camminavo, **pensavo** a quanto fosse bello avere un'amica come Lily. Eravamo amiche da anni, da quando ci eravamo conosciute all'**università**. Avevamo legato per il nostro amore per il caffè e per il tempo trascorso a chiacchierare nei bar. Anche se ora vivevamo in zone diverse della città, riuscivamo comunque a vederci per un caffè una volta alla settimana. Arrivai al caffè e Lily era già lì ad aspettarmi. Ci salutammo con un abbraccio e poi ordinammo i nostri caffè. Trovammo un tavolo vicino alla finestra e ci sedemmo a chiacchierare. Il **caffè** era delizioso, come sempre, ed è stato così bello recuperare il tempo perduto con Lily. Parlammo della nostra settimana, dei nostri lavori e dei nostri progetti per il futuro. Era sempre così facile parlare con Lily e mi sembrava di poterle dire tutto. Dopo un po' cominciammo ad avere fame e **decidemmo** di ordinare qualcosa da mangiare.

Ordinammo il cibo e trovammo posto vicino alla

sıcak ve mutlu hissettiriyordu. Yemeğimizi yerken sohbet ettik, birbirimizin **yanında** olmanın basit zevkinin tadını çıkardık. Kafe kalabalıktı ama kalabalık hissettirmiyordu. Havada bir huzur ve memnuniyet hissi vardı. Yemeğimizi bitirdikten sonra bir süre daha oturduk ve huzurlu **atmosferin** tadını çıkardık. Bir süre hayatlarımızda olup biten farklı şeyler hakkında konuştuk. Arkadaşımla hasret gidermek ve **rahatlamak** çok güzeldi. Pencereden güneş parlıyordu ve **hiçbir şey** mükemmel günümüzü mahvedemezmiş gibi hissediyorduk.

Birden büyük bir gürültü duydum. Arkamı döndüğümde bir adamın tavandan düştüğünü ve önümüzde yerde yattığını gördüm. Üstü **başı** toz ve moloz içindeydi ve baygın görünüyordu. Yerde yatan adama bakarken arkadaşım da ben de şok içindeydik. Ne yapacağımızı ya da yardım için kimi arayacağımızı bilmiyorduk. Ne yapacağımızı bilmeden öylece oturup ona baktık. Birkaç dakika sonra kendime geldim ve 911'i aradım. Operatör bana birinin yakında orada olacağını söyledi. Telefonu kapattım ve arkadaşıma **operatörün** söylediklerini anlattım. İkimiz de orada oturup yardımın gelmesini bekledik. Sonsuza kadar sürecekmiş gibi geldi ama sonunda bir ambulans geldi. Sağlık görevlileri hemen içeri girdiler ve adam üzerinde çalışmaya başladılar. Adamın yaralı olduğunu ve **hastaneye** götürülmesi gerektiğini hemen tespit ettiler. Arkadaşım ve ben yardım geldiği ve adam iyileşeceği için rahatlamıştık.

finestra. Il sole entrava dalla finestra, rendendo tutto più caldo e felice. Chiacchierammo mentre mangiavamo, godendoci il semplice piacere di stare in **compagnia**. Il caffè era affollato, ma non sembrava affollato. C'era una sensazione di pace e soddisfazione nell'aria. Finito il cibo, ci sedemmo ancora per un po', godendoci l'**atmosfera** tranquilla. Abbiamo parlato per un po' di cose diverse che stavano accadendo nelle nostre vite. È stato così bello recuperare il tempo perduto con la mia amica e **rilassarsi**. Il sole splendeva attraverso la finestra e sembrava che **nulla** potesse rovinare la nostra giornata perfetta.

All'improvviso sentii un forte schianto. Mi girai e vidi che un uomo era caduto dal soffitto e giaceva sul pavimento di fronte a noi. Era **coperto** di polvere e detriti e sembrava privo di sensi. Io e il mio amico eravamo entrambi sotto shock mentre fissavamo l'uomo steso sul pavimento. Non sapevamo cosa fare o chi chiamare aiuto. Rimanemmo lì a fissarlo, senza sapere cosa fare. Dopo qualche minuto mi sono ripreso e ho chiamato il 911. L'operatore mi disse che qualcuno sarebbe arrivato presto. Riattaccai il telefono e raccontai al mio amico quello che mi aveva detto l'**operatore**. Rimanemmo entrambe sedute ad aspettare l'arrivo dei soccorsi. Sembrava un'eternità, ma alla fine **arrivò** un'ambulanza. I paramedici si precipitarono e iniziarono a lavorare sull'uomo. Hanno subito stabilito che era ferito e che doveva essere portato in **ospedale**.

Anlama Soruları

1. Çatıdan düşen adam nereden geliyor?

2. Kadın neden arkadaşıyla birlikte kafede?

3. İki arkadaşın en sevdiği kafe hangisi?

4. İki arkadaş birbirlerini ne kadar zamandır tanıyorlar?

5. İki arkadaşın en sevdiği içecek nedir?

6. İki arkadaş hangi şehirde yaşıyor?

7. İki arkadaş ne sıklıkla buluşuyor?

8. İki arkadaş en sevdikleri kafede ilk karşılaştıklarında ne hakkında konuşurlar?

9. İki arkadaşın en sevdiği yemek nedir?

10. Lily ile konuşmak neden bu kadar kolay?

Domande di comprensione

1. Da dove viene l'uomo che cade dal tetto?

2. Perché la donna è con la sua amica nel caffè?

3. Qual è il caffè preferito dai due amici?

4. Da quanto tempo i due amici si conoscono?

5. Qual è la bevanda preferita dai due amici?

6. In quale città vivono i due amici?

7. Quanto spesso si incontrano i due amici?

8. Di cosa parlano i due amici quando si incontrano per la prima volta nel loro caffè preferito?

9. Qual è il cibo preferito dai due amici?

10. Perché è così facile parlare con Lily?

Yüzmeye Gidiyoruz

Havuz her zaman **ferahlatıcı bir** yer olmuştur ve bugün de durum farklı değildi. Güneş parlıyordu ve su davetkâr görünüyordu. Derin bir nefes aldım ve suyun serin kucağını hissederek daldım. Bir süre tur yüzdüm, egzersizin ve kafamı boşaltma fırsatının tadını çıkardım. Bir süre sonra çıktım ve kuruladım, ardından güneşin altında dinlenmek için bir havlunun üzerine oturdum. Gözlerimi kapattım ve kaslarımın gevşemeye başladığını hissederek **sıcaklığın üzerimden geçmesine** izin verdim. Birden bir su sesi duydum ve gözlerimi açtığımda küçük kız kardeşimin sığlıkta **kürek çektiğini** gördüm. Gülümsedim ve bir süre onu izledim, sonra ayağa kalktım ve ona doğru yürüdüm. Biraz sohbet ettik ve birbirimizin arkadaşlığından keyif alarak birlikte kürek çektik. Kısa süre sonra ailelerimiz de bize katıldı ve öğleden sonranın geri kalanını birlikte yüzerek ve oyunlar oynayarak geçirdik. Havuzda ailece vakit geçirmek her zaman çok güzeldi. Suyun içinde olmanın insanları bir araya getiren **bir yanı** var. Belki de suyun içindeyken hepimiz eşit olduğumuz içindir - kusurlarımızı saklayamayız veya olmadığımız bir şeymiş gibi davranamayız. Ya da belki sadece eğlenceli olduğu içindir! Sebep her **ne olursa olsun,** böylesine özel bir yerde bir araya gelebildiğimiz ve birbirimizin arkadaşlığından keyif alabildiğimiz için çok mutluydum.

Andare a nuotare

La piscina era sempre un luogo **rinfrescante** e oggi non era diverso. Il sole splendeva e l'acqua sembrava invitante. Feci un respiro profondo e mi tuffai, sentendo il fresco abbraccio dell'acqua. Nuotai per un po', godendomi l'esercizio e la possibilità di schiarirmi le idee. Dopo un po' uscii e mi asciugai, poi mi sedetti su un asciugamano per rilassarmi al sole. Chiusi gli occhi e lasciai che il **calore** mi avvolgesse, sentendo i miei muscoli iniziare a rilassarsi. All'improvviso sentii uno spruzzo e aprii gli occhi per vedere la mia sorellina **che sguazzava** nel basso fondale. Sorrisi e la osservai per un po', poi mi alzai e mi avvicinai a lei. Chiacchierammo per un po' e pagaiarono insieme, godendo della reciproca compagnia. Presto i nostri genitori ci raggiunsero e passammo il resto del pomeriggio nuotando e giocando insieme. Era sempre così bello passare del tempo con la famiglia in piscina. C'è **qualcosa** nello stare in acqua che sembra unire le persone. Forse perché quando siamo in acqua siamo tutti uguali, non possiamo nascondere i nostri difetti o fingere di essere ciò che non siamo. O forse è solo perché è divertente! **Qualunque sia** la ragione, mi ha fatto piacere che ci siamo riuniti tutti insieme e che ci siamo goduti la reciproca compagnia in un luogo così speciale.

Güneş tenimi dövüyordu ve havada klor kokusu vardı. Havuzda gülüşen ve su sıçratan çocukların seslerini duyabiliyordum. Havuzun yanındaki bir **şezlonga** uzanmış, güneşi içime çekiyor ve günün **tadını** çıkarıyordum. Gözlerim kapalıydı ve tam uykuya dalmak üzereydim ki birinin bana doğru yürüdüğünü duydum. Gözlerimi açtım ve yanımda duran bir kadın gördüm. Bikini giymişti ve beline bir havlu sarmıştı. Uzun sarı saçları ve mavi gözleri vardı. Elinde bir şişe **güneş kremi** tutuyordu. "Sırtınıza biraz güneş kremi sürmemin sakıncası var mı?" diye sordu. "Hayır, sorun değil" dedim, sırtıma uzanabilmesi için doğruldum. Güneş kremini sürerken ellerini tenimde hissettim.

Dokunuşu nazikti ve güneş kreminin kokusu yatıştırıcıydı. Gözlerimi tekrar kapattım ve kendimi rahatlamaya bıraktım. Etrafta dolaşırken çıkardığı **sesleri** duyabiliyordum ama gözlerimi açmadım. Güneşin altında uzanmaktan ve kıyıya **vuran** dalgaların sesini dinlemekten memnundum. Birkaç dakika sonra uzaklaştı ve ben de gözlerimi açtım. Şezlonguna geri dönüp kitabını alırken onu izledim. Sandalyesine yerleşti ve okumaya başladı. Gözlerimi tekrar kapattım ve kendimi uykuya bıraktım. **Rüyamda** havuzda yüzdüğümü, ileri geri turlar attığımı gördüm. Su ferahlatıcıydı ve tenimi serinletiyordu.

Il sole batteva sulla mia pelle e l'odore di cloro era nell'aria. Sentivo il rumore dei bambini che ridevano e sguazzavano nella piscina. Ero sdraiata su una sedia a **sdraio** accanto alla piscina, a prendere il sole e a **godermi la** giornata. Avevo gli occhi chiusi e stavo per addormentarmi quando sentii qualcuno avvicinarsi a me. Aprii gli occhi e vidi una donna in piedi accanto a me. Indossava un bikini e aveva un asciugamano avvolto intorno alla vita. Aveva lunghi capelli biondi e occhi azzurri. Aveva in mano un flacone di **crema solare**. "Ti dispiace se ti metto un po' di crema solare sulla schiena?", mi chiese. "No, va bene", risposi, sedendomi in modo che potesse raggiungermi la schiena. Sentii le sue mani sulla mia pelle mentre applicava la crema solare.

Il suo tocco era delicato e il profumo della crema solare era rilassante. Chiusi di nuovo gli occhi e mi rilassai. Sentivo il **rumore** dei suoi movimenti, ma non aprii gli occhi. Mi accontentai di stare sdraiato al sole, ascoltando il rumore delle onde **che si infrangevano** sulla riva. Dopo qualche minuto si allontanò e io aprii gli occhi. La guardai mentre tornava alla sua poltrona e prendeva il suo libro. Si sistemò sulla sedia e iniziò a leggere. Chiusi di nuovo gli occhi e mi lasciai andare al sonno. **Sognai** che stavo nuotando in piscina, facendo dei giri avanti e indietro. L'acqua era rinfrescante e fresca sulla mia pelle.

Anlama Soruları

1. Anlatıcı hikayeye başladığında neredeydi?

2. Anlatıcı gözlerini açtığında ne kokuyor?

3. Anlatıcı gözlerini açtığında ne duyuyor?

4. Kadın anlatıcıya kimin güneş kremini veriyor?

5. Anlatıcı ne hakkında rüya görüyor?

6. Denizde yüzmek anlatıcı için neden bu kadar özeldir?

7.Anlatıcının içinde yüzdüğü su nasıl bir his veriyor?

8. Anlatıcı sudan çıktığında ne görüyor?

9. Kadın güneş kremini anlatıcıya sürdükten sonra ne yapıyor?

10. Anlatıcı ve kadın öykünün sonunda ne hakkında konuşuyorlar?

Domande di comprensione

1. Dove si trovava il narratore quando ha iniziato la storia?

2. Che odore sente il narratore quando apre gli occhi?

3. Cosa sente il narratore quando apre gli occhi?

4. Di chi è la crema solare che la donna dà al narratore?

5. Che cosa sogna il narratore?

6. Perché il bagno in mare è così speciale per il narratore?

7.Come si sente l'acqua in cui nuota il narratore?

8. Cosa vede il narratore quando esce dall'acqua?

9. Cosa fa la donna dopo aver messo la crema solare al narratore?

10. Di che cosa parlano il narratore e la donna alla fine della storia?

Çim Biçme

Bir yaz **Cumartesi günü saat** sabahın 10'u ve güneş acımasızca vurmaya başladı bile. Çim biçme makinesini almak için garaja gidiyorsunuz ve kendinizi ağır işlerde çalışmaya **mahkum edilmiş** gibi hissediyorsunuz. Çimleri biçmeye başlıyorsunuz, hiçbir noktayı kaçırmamak için yavaşça ilerlediğinizden emin oluyorsunuz. Biçerken, dışarıda temiz havada olmanın ne kadar iyi hissettirdiğini düşünüyorsunuz. Çim biçme makinesini çimlerin üzerinde ileri geri itmeye başladığınızda, **göz ucuyla** komşunuzu görüyorsunuz. El sallayıp selam veriyorsunuz ve o da size el sallıyor.

Birkaç dakika sonra işiniz bitiyor ve ön bahçede bira içmek için komşunuzun evine gidiyorsunuz. **Mükemmel** bir gün; çok sıcak değil, hafif bir meltem esiyor. Ağacın gölgesinde oturup biranızı yudumluyor ve komşunuzla sohbet ediyorsunuz. İşte böyle günler yaz mevsiminin kıymetini bilmenizi sağlar. Sonra hak edilmiş bir bira için içeri giriyorsunuz. Ön verandadaki sandalyeye çöküp kutuyu açıyorsunuz ve memnun bir iç çekiş yapıyorsunuz. Siz gölgede dinlenip anın **huzurunun** tadını çıkarırken çim biçme makinesinin sesi arka planda kayboluyor. Sıcakta o kadar çalıştıktan sonra biranın tadı daha da güzelleşiyor. Tam içeri girmek üzereydim ki yan odadan bir ses duydum.

Tagliare il prato

Sono le 10 del mattino di un **sabato** estivo e il sole picchia già senza pietà. Si va in garage a prendere il tosaerba, con la sensazione di essere **condannati** ai lavori forzati. Iniziate a tagliare il prato, facendo attenzione ad andare piano per non perdere nessun punto. Mentre si taglia, si pensa a quanto sia bello stare all'aria aperta. Mentre iniziate a spingere il tosaerba avanti e indietro per il prato, con la coda dell'**occhio** vedete il vostro vicino. Lo salutate con la mano e lui ricambia.

Dopo qualche minuto, avete finito e vi recate a casa del vostro vicino per bere una birra con lui nel giardino davanti a casa. È una giornata **perfetta**: non fa troppo caldo e soffia una leggera brezza. Ci si siede all'ombra dell'albero, sorseggiando la birra e chiacchierando con il vicino. Sono giornate come questa che fanno apprezzare l'estate. Poi si **entra** in casa per una meritata birra. Ci si sdraia su una sedia del portico e si apre la lattina, tirando un sospiro soddisfatto. Il rumore del tosaerba passa in secondo piano mentre vi rilassate all'ombra, godendovi la **tranquillità del** momento. La birra ha un sapore ancora più buono dopo tutto quel duro lavoro al caldo. Stavo per rientrare in casa quando ho sentito un rumore nella stanza accanto.

Sanki biri ağlıyor **gibiydi.** Biçmeyi bıraktım ve bahçelerimizi ayıran çite doğru yürüdüm. Baktım ve komşum Bayan Johnson'ın verandasındaki salıncağında ağladığını gördüm. Ona seslendim ama beni duymadı. Çitin üzerinden tırmandım ve ona doğru yürüdüm. "Bayan Johnson, iyi misiniz?" diye sordum. Gözlerinde yaşlarla bana baktı ve başını salladı. "Hayır, iyi değilim" dedi. "Kedim dün öldü." Şok olmuştum. Ne diyeceğimi bilemedim. Ne yapacağımı bilemeden öylece durdum. Sonunda elimi **omzuna** koydum ve şöyle dedim: "Çok üzgünüm Bayan Johnson. Yardımcı olabileceğim bir şey olursa lütfen bana haber verin. " Başını salladı ve "Hayır, kimsenin yapabileceği bir **şey yok"** dedi. Sonra ayağa kalktı ve evine girdi. Bir an ne yapacağımı bilemeden öylece durdum. Sonra çimlerimi biçmeye geri döndüm. İşimi bitirdiğimde Bayan Johnson ve kedisini düşünmeden edemedim.

Sembrava che qualcuno stesse piangendo. Smisi di falciare e mi avvicinai alla recinzione che separava i nostri cortili. Mi affacciai e vidi la mia vicina, la signora Johnson, che piangeva sul dondolo del suo portico. La chiamai, ma non mi sentì. Scavalcai la recinzione e mi avvicinai a lei. “Signora Johnson, sta bene?”. Le chiesi. Lei mi guardò con le lacrime agli occhi e scosse la testa. “No, non sto bene”, disse. “Ieri è morto il mio gatto”. Ero scioccato. Non sapevo cosa dire. Rimasi lì impacciato, senza sapere cosa fare. Alla fine le misi una mano sulla **spalla** e dissi: “Mi dispiace molto, signora Johnson. Se posso fare qualcosa per aiutarla, me lo faccia sapere”. “Lei scosse la testa e disse: “No, nessuno può fare **niente**”. Poi si alzò ed entrò in casa sua. Rimasi lì per un momento, senza sapere cosa fare. Poi tornai a tagliare il prato. Mentre finivo, non potei fare a meno di pensare alla signora Johnson e al suo gatto.

Anlama Soruları

1. Saat kaç oldu?

2. Biçen kişi nerede?

3. Kişi nasıl hissediyor?

4. Kişi neden yavaş biçmek zorunda?

5. Nasıl bir hava var?

6. Biçme işleminden sonra kişi ne yapıyor?

7. Kişi eve gitmeden önce ne duyuyor?

8. Bayan Johnson'ın yanında kim var?

9. Bayan Johnson neden ağlıyor?

10. Kişi Bayan Johnson'a ne söylüyor?

Domande di comprensione

1. Che ora è?

2. Dove si trova la persona che sta falciando?

3. Come si sente la persona?

4. Perché la persona deve falciare lentamente?

5. Che tempo fa?

6. Cosa fa la persona dopo la falciatura?

7. Cosa sente la persona prima di tornare a casa?

8. Chi è con la signora Johnson?

9. Perché la signora Johnson piange?

10. Cosa dice la persona alla signora Johnson?

Saç Kesimi Yaptırmak

Haftalardır saçlarımı kestirmek istiyordum ama bir şekilde hep ertelemeyi başarıyordum. Ancak **Noel yaklaşırken,** bunu daha fazla erteleyemeyeceğimi biliyordum. Ailemin Noel yemeğine dağınık bir şekilde gitmek istemiyordum. Bu yüzden Noel sabahı erkenden kuaföre gittim. Saat erken olmasına rağmen, salon tatil için saçlarını yaptıran diğer insanlarla çoktan dolmuştu. Sıradaki yerimi aldım ve sıramı bekledim. Nihayet sıra bana gelmişti. Jill adında güler yüzlü bir kadın olan stilist bana ne istediğimi sordu. "Sadece bir düzeltme, çok sert bir şey değil," diye cevap verdim. Jill işe koyuldu ve saçımı kesmeye başladı. O çalıştıkça ben de rahatlamaya başladım. Sonunda kendime bakıyor olmak iyi hissettiriyordu. Son zamanlarda herkesle ilgilenmekle o kadar meşguldüm ki, kendi ihtiyaçlarımı bir kenara bırakmıştım. Ama **artık öyle** değil. Şu andan itibaren kendime zaman ayıracaktım.

Jill işini bitirdiğinde aynaya baktım ve gördüklerimden memnun kaldım. Saçlarım derli toplu ve cilalı görünüyordu - tatil toplantıları için mükemmeldi. Jill'e **teşekkür** ettim ve daha sık gelmek için aklıma bir not aldım. Şu andan itibaren, her şeyden önce

Tagliarsi i capelli

Erano settimane che volevo tagliarmi i capelli, ma in qualche modo riuscivo sempre a rimandare. Ma con il **Natale** alle porte, sapevo che non potevo più rimandare. Non volevo presentarmi alla cena di Natale della mia famiglia con un aspetto trasandato. Così, la mattina presto di Natale, mi sono recata al salone. Anche se era presto, il salone era già pieno di persone che **si facevano** fare i capelli per le feste. Presi posto nella fila e aspettai il mio turno. Finalmente arrivò il mio turno sulla poltrona. La parrucchiera, una donna gentile di nome Jill, mi chiese cosa volessi. "Solo una spuntatina, niente di troppo drastico", risposi. Jill si mise al lavoro, tagliando i miei capelli. Mentre lavorava, cominciai a rilassarmi. Mi sentivo bene a prendermi finalmente cura di me stessa. Ultimamente ero stata così occupata a correre in giro per prendermi cura di tutti gli altri, che avevo lasciato cadere in secondo piano i miei bisogni. Ma **ora** non **più**. D'ora in poi avrei trovato il tempo per me stessa.

Quando Jill ha finito, mi sono guardata allo specchio e sono rimasta soddisfatta di ciò che ho visto. I miei capelli avevano un aspetto ordinato e curato, perfetto

kendime bakacağım. Saçımı kesmek için işe koyuldu. Sonunda saçlarımı kestirebildiğim için ne kadar minnettar olduğumu düşündüm. Noel **yemeği için şık** görüneceğimi bilmek iyi hissettiriyordu. Artık ailemin “pasaklı” görünümümle alay etmesinden endişe etmeme gerek kalmayacaktı. Birkaç dakika sonra stilist saçımı kesmeyi bitirdi ve bana hızlı bir fön çekti. Aynaya baktım ve gördüğümden memnun kaldım - Noel yemeği için mükemmel olacak temiz kesimli bir görünüm. Saç kesimim aradan çıktığına göre artık ailemle birlikte tatilin tadını çıkarmaya odaklanabilirdim. Ve bunun için daha da minnettardım.

Kendimi çok **özgür** hissettim ve yeni saç kesimimin görünüşüne bayıldım. Saç kesimimin parasını ödedikten sonra eve gittim ve seyahatim için hazırlanmaya başladım. Yeni görünümümü aileme ve arkadaşlarıma göstermek için **sabırsızlanıyordum.** Beni gördüklerinde şaşıracaklarını biliyordum. Uçuşumun olduğu gün, bolca zaman ayırarak havaalanına vardım. Güvenlikten sorunsuz bir şekilde geçtim ve kısa süre sonra yola çıktım. Gideceğim yere varır varmaz havadaki heyecanı hissedebiliyordum. Noel kesinlikle havadaydı! Ailem beni havaalanında karşılamak için oradaydı ve hepsi yeni saç kesimime hayran kaldı.

per le feste. **Ringraziai** Jill e presi **nota** di tornare più spesso. D'ora in poi mi prenderò cura di me stessa prima di tutto. Si mise al lavoro per tagliare i miei capelli. Pensai a quanto fossi grata di essermi finalmente decisa a tagliarmi i capelli. Era bello sapere che sarei stata presentabile per la **cena** di Natale. Non avrei più dovuto preoccuparmi che la mia famiglia mi prendesse in giro per il mio aspetto "trasandato". Dopo qualche minuto, la parrucchiera finì di tagliarmi i capelli e mi diede una rapida asciugata. Mi guardai allo specchio e fui felice di ciò che vedevo: un look pulito che sarebbe stato perfetto per la cena di Natale. Ora che il taglio di capelli era stato superato, potevo concentrarmi sulle vacanze con la mia famiglia. Ed ero ancora più grata per questo.

Mi sentivo così **libera** e adoravo l'aspetto del mio nuovo taglio di capelli. Dopo aver pagato il taglio, sono tornata a casa e ho iniziato a fare i bagagli per il mio viaggio. **Non** vedevo l'ora di mostrare il mio nuovo look alla mia famiglia e ai miei amici. Sapevo che sarebbero rimasti sorpresi quando mi avrebbero visto. Il giorno del volo sono arrivata all'aeroporto con molto tempo a disposizione. Ho superato i controlli di sicurezza senza problemi e presto sono partita. Non appena arrivai a destinazione, sentii l'eccitazione nell'aria. Il Natale era decisamente nell'aria! La mia famiglia era lì ad accogliermi all'aeroporto ed erano tutti stupiti del mio nuovo taglio di capelli.

Anlama Soruları

1. Kahramanın Noel'den önce ne yapması gerekiyordu?

2. Kahraman kendine bakma konusunda nasıl hissediyordu?

3. Kahramanın saçını kim kesti?

4. Kahramanın ailesi neden onunla alay edecekti?

5. Kahraman saçını kestirdikten sonra nasıl hissetti?

6. Kahraman saçını kestirdikten sonra ne yaptı?

7. Kahramanın ailesinin saç kesimine tepkisi ne oldu?

8. Kahraman Noel arifesinde ne yapmıştır?

9. Kahramanın deneyimini daha özel kılan neydi?

10. Kahraman saçını kestirmezse ne olur?

Domande di comprensione

1. Che cosa doveva fare il protagonista prima di Natale?

2. Come si è sentita la protagonista nel prendersi cura di sé?

3. Chi ha tagliato i capelli al protagonista?

4. Perché la famiglia della protagonista la prendeva in giro?

5. Come si è sentita la protagonista dopo essersi tagliata i capelli?

6. Che cosa ha fatto la protagonista dopo essersi tagliata i capelli?

7. Qual è stata la reazione della famiglia della protagonista al suo taglio di capelli?

8. Che cosa ha fatto il protagonista la vigilia di Natale?

9. Cosa ha reso più speciale l’esperienza del protagonista?

10. Cosa succederebbe se il protagonista non si tagliasse i capelli?

Park

Güneş batıyordu ve park boştu. Bankta oturmuş **arkadaşımı** bekliyordum. Bir saat önce burada buluşmayı planlamıştık ama o hep geç kalıyordu. Tam pes edip eve gitmek üzereyken onun bana doğru koştuğunu gördüm. “Çok üzgünüm,” diye soluk soluğa bankın yanına ulaştı. “Trenim **rötar** yaptı.” “Sorun değil,” dedim **bağışlayıcı bir şekilde**. “Ben de yeni geldim.” Oturduk ve bir süre sohbet ettik, son görüşmemizden bu yana birbirimizin hayatlarını konuştuk. Sohbet **kolayca** aktı ve birbirimizi son gördüğümüzden bu yana hiç zaman geçmemiş gibi hissettik. Güneş batarken vedalaştık ve yollarımızı ayırdık. Bir sonraki buluşmamız başka bir parktaydı. Yine geç kalmıştı ama ben aldırmadım. Beni **anlayan** biriyle konuşmak güzeldi. Hayallerimizden ve **özlemlerimizden,** hayatımızda yapmak istediğimiz şeylerden bahsettik. O bana dünyayı gezme planlarından bahsetti, ben de yazar olma hayalimi paylaştım. Bir gün daha güneş batarken bir kez daha vedalaştık ve bu sefer iletişimde kalacağımıza söz verdik.

Yıllar geçti ve artık ülkenin farklı yerlerinde yaşıyor olsak da **arkadaşlığımız** güçlü kaldı. Mektuplar ve ara sıra yaptığımız telefon görüşmeleri aracılığıyla iletişimimizi sürdürdük ve birbirimizle hayatlarımızdan

Il parco

Il sole stava tramontando e il parco era vuoto. Mi sedetti sulla panchina ad aspettare la mia **amica**. Avevamo programmato di incontrarci qui un'ora fa, ma lei era sempre in ritardo. Proprio quando stavo per arrendermi e tornare a casa, la vidi correre verso di me. "Mi dispiace tanto", ansimò quando raggiunse la panchina. "Il mio treno è **in ritardo**". "Non c'è problema", dissi **con indulgenza**. "Sono appena arrivato anch'io". Ci siamo seduti e abbiamo chiacchierato per un po', aggiornandoci sulle nostre vite dall'ultima volta che ci siamo visti. La conversazione è fluita **facilmente** e ci è sembrato che non fosse passato affatto del tempo dall'ultima volta che ci siamo visti. Al tramonto ci siamo salutati e abbiamo preso strade diverse. La volta successiva ci incontrammo in un altro parco. Anche in questo caso era in ritardo, ma non mi dispiaceva. Era bello avere qualcuno con cui parlare che mi **capisse**. Parlammo dei nostri sogni e delle nostre **aspirazioni**, delle cose che volevamo fare nella nostra vita. Lei mi parlò dei suoi progetti di viaggiare per il mondo e io le confidai il mio sogno di diventare scrittrice. Al tramonto di un altro giorno, ci siamo salutate ancora una volta, promettendo di tenerci in contatto questa volta.

Gli anni sono passati e la nostra **amicizia** è rimasta forte, anche se ora viviamo in zone diverse del Paese.

haberler paylaştık. Evleneceğini açıkladığında **şaşırmadım** - her zaman **maceracı bir** tip olmuştu. Ama yaşadığım yerden dünyanın öbür ucunda gerçekleşecek düğün töreninde baş nedimesi olup olamayacağımı sorduğunda... ikna olmam biraz zaman aldı! Sonunda en iyi arkadaşımın yanında ben olmadan evlenmesine izin veremezdim, bu yüzden korkularıma rağmen (ve ondan çok yalvardıktan sonra!) Hayatımın **macerasına** dönüşen şey için birlikte gitmeyi **kabul ettim.**

Düğün günü nihayet gelmişti. Gergindim ama arkadaşımın hayatındaki böylesine önemli bir anın parçası olacağım için heyecanlıydım. Tören çok güzeldi ve yeminlerini ederken mutlu görünüyordu. **Sonrasında** büyük bir partiyle kutlama yaptık - tanıdığı herkes onunla birlikte kutlamaya gelmiş gibiydi! Asla unutamayacağım **büyülü** bir gündü ve arkadaşlığımız bu maceradan sonra daha da güçlendi. Şimdi, yıllar sonra, hala iletişim halindeyiz. İlk tanıştığımızdan bu yana ikimiz de çok **değiştik** ama arkadaşlığımız her zamanki gibi güçlü. Ne zaman buluşsak - ister bir parkta ister dünyanın öbür **ucunda** olsun - sanki hiç zaman geçmemiş gibi hissediyoruz.

Ci siamo tenute in contatto tramite lettere e telefonate occasionali, condividendo le notizie della nostra vita. Quando annunciò che si sarebbe sposata, non ne fui **sorpreso**: era sempre stata un tipo **avventuroso**. Ma quando mi ha chiesto di farle da damigella d'onore alla cerimonia di matrimonio che si sarebbe svolta a metà strada dal luogo in cui vivevo... c'è voluto un po' per convincerla! Alla fine, però, non potevo permettere che la mia migliore amica si sposasse senza di me al suo fianco, così, nonostante le mie paure (e dopo molte suppliche da parte sua!), ho **accettato** di partecipare a quella che si è rivelata l'**avventura** di una vita.

Finalmente è arrivato il giorno del **matrimonio**. Ero nervosa, ma entusiasta di partecipare a un momento così importante della vita della mia amica. La cerimonia è stata bellissima e lei sembrava felice mentre pronunciava le sue promesse. **Dopo**, abbiamo festeggiato con una grande festa: sembrava che tutti i suoi conoscenti fossero venuti a festeggiare con lei! È stato un giorno **magico** che non dimenticherò mai, e la nostra amicizia si è rafforzata dopo quell'avventura. Ora, a distanza di anni, ci teniamo ancora in contatto. Siamo **cambiate** molto da quando ci siamo conosciute, ma la nostra amicizia è più forte che mai. Ogni volta che ci incontriamo, che sia in un parco o **dall'altra parte del** mondo, sembra che il tempo non sia mai passato.

Anlama Soruları

1. Yazar ve arkadaşı ilk nerede tanıştılar?

2. Yazarın arkadaşı buluşmalarına neden geç kalmıştı?

3. Yıllar sonra tekrar karşılaştıklarında arkadaşlar ne hakkında konuştular?

4. Yazar arkadaşının düğün törenine katıldığında ne hissetti?

5. Düğün töreninin yapıldığı ortamı tarif ediniz.

6. İki kadın arasındaki dostluk zaman içinde nasıl değişti?

7. Yazarın hayali nedir?

8. Yazarın arkadaşı nereye seyahat etmeyi planlıyor?

9. Yazar arkadaşının düğün törenine katılmakta neden tereddüt etmiştir?

Domande di comprensione

1. Dove si sono incontrati per la prima volta l'autrice e la sua amica?

2. Perché l'amico dell'autore è arrivato in ritardo all'incontro?

3. Di che cosa hanno parlato gli amici quando si sono rivisti anni dopo?

4. Come si è sentita l'autrice ad assistere alla cerimonia di matrimonio della sua amica?

5. Descrivete l'ambientazione della cerimonia nuziale.

6. Come è cambiata l'amicizia tra le due donne nel corso del tempo?

7. Qual è il sogno dell'autore?

8. Dove intende viaggiare l'amico dell'autore?

9. Perché l'autrice esitava a partecipare alla cerimonia di matrimonio della sua amica?

www.ingramcontent.com/pod-product-compliance
Lightning Source LLC
LaVergne TN
LVHW010604160826
845677LV00013B/3234

* 9 7 9 8 8 4 6 2 5 5 8 9 0 *